KB022207

더 늦기 전에 당신이 자본주의를
제대로 알면 좋겠습니다

더 늦기 전에 당신이 자본주의를 제대로 알면 좋겠습니다

초판 발행 · 2021년 9월 15일
초판 4쇄 발행 · 2021년 11월 1일

지은이 · 이희대
발행인 · 이종원
발행처 · (주)도서출판 길벗
브랜드 · 더퀘스트
출판사 등록일 · 1990년 12월 24일
주소 · 서울시 마포구 월드컵로10길 56(서교동)
대표전화 · 02)332-0931 | **팩스** · 02)323-0586
홈페이지 · www.gilbut.co.kr | **이메일** · gilbut@gilbut.co.kr

기획 및 편집 · 유예진(jasmine@gilbut.co.kr), 송은경, 오수영 | **제작** · 이준호, 손일순, 이진혁
마케팅 · 정경원, 김진영, 김도현, 장세진 | **영업관리** · 김명자 | **독자지원** · 송혜란, 윤정아

디자인 · 유어텍스트 | **교정** · 김동화 | **CTP 출력 및 인쇄** · 예림인쇄 | **제본** · 예림바인딩

ISBN 979-11-6521-680-1 (03320)
(길벗 도서번호 090182)

정가 17,000원

평범한 30대 직장인 아빠가
근로소득을 자본소득으로 바꾼
7단계 투자 공부법

더 늦기 전에 당신이 자본주의를 제대로 알면 좋겠습니다

이희대(한걸음) 지음

더퀘스트

머리말

많은 사람이 "돈을 벌고 싶다"고 말한다. 나는 그런 말을 들을 때마다 이런 생각을 하곤 한다. '돈이 과연 무엇이기에 (나를 포함한) 많은 사람이 돈에 목을 매는 것일까?' 고상하고 철학적인 이야기를 하려는 게 아니다. 다만, 우리는 돈의 속성을 잘 알지 못하고 있고, 현실을 직시해야 제대로 된 돈 공부를 시작할 수 있다고 말하고 싶을 뿐이다.

돈에 대한 수많은 명언과 표현 중에 내가 가장 공감하는 것은 이것이다.

'돈은 행복을 주는 데는 효과적이지 않을 수 있지만,
불행을 막아주는 데는 효과적이다.'

유복한 환경에서 자라지 못한 사람들은 이 말에 공감할 것이다. 화목하고 행복했던 어린 시절의 기억은 제각각이지만 불화가 일어난 이유는 돈 때문인 경우가 많다. 우리 집도 마찬가지였다. 부모님은 좋은 분들이셨지만 돈 때문에 자주 다투셨다. 서로 언성을 높이며 이야기하는 상황이 꽤 있었는데 가만히 생각해보면 돈이 왜 없는지, 얼마나 없는지, 그렇다면 더 벌기 위해 어떻게 해야 하는지 논의하는 모습은 본 기억이 없다. 두 분 모두 매일 힘들게 일하셨지만 금전적인 살림 형편은 크게 나아지지 않았다.

단칸방에서 태어나 임대아파트를 거쳐 3~4년에 한 번씩 이사를 갈 때마다 집이 조금씩 커지기는 했지만 상황이 개선되는 느낌은 별로 없었다. 처음에는 부모님의 월급이 적어서 그런 것이라 생각했다. 아버지의 연차가 쌓이고 월급이 올라도 가난한 삶의 굴레에서 벗어나지 못하는 것은 낮은 급여를 받는 업종의 직장인들이 갖는 어려움이자 한계라고 들었기 때문이다.

좋다고 말할 수 없는 학군지에서 학창 시절을 보내며 나는 무슨 생각을 했던가. 우리 집 형편이 이런데 나까지 방황하면 집안이 망가질 수도 있다고 생각했다. 부모님은 고학력과는 거리가 멀었기에 집안의 불화와 가난의 굴레를 끊을 수 있는 유일한 방법은 내가 열심히 공부해 좋은 대학에 들어가고, 좋은 직장에 들어가 월급을 많이 받는 것이라고 생각했다.

아버지는 투자(특히 주식)라면 고개를 절레절레하며 그런 건 절대 해서는 안 된다고 가르치셨다. 어머니는 대출이자가 지겨우니 빚을 다 갚으면 서울 외곽으로 나가 살자고 늘 말씀하셨다. 성인이 된 내가 이런저런 공부를 하며 알게 된 자본주의에 대한 것, 즉 투자를 하고 내 집 마련을 위해 부동산 대출을 일정 부분 활용해야 한다는 사실과는 정반대의 교육을 어린 시절 암암리에 받은 것이다. 우리 부모님 세대가 경제와 투자에 대한 교육을 제대로 받지 못했으니 어쩌면 당연한 결과일지도 모른다.

고등학교 때는 취업이 잘된다는 이과를 선택했다. 의사가 돈을 많이 번다는 이야기는 들었지만 실력도 부족하고 피를 보는 것도 두려워 공대를 가기로 결심했다. 분야의 전문가가 되면 돈을 많이 벌 수 있을 거라는 생각에 대학원에 진학해 공학박사 학위까지 취득했다. 정말 열심히 공부했고 원하는 분야의 직장에 들어가 기대한 수준의 월급을 받았다.

그런데 삶은 그다지 달라지지 않았다. 정말 열심히 사는데, 왜 부자가 되지 못하는 것일까? 혹시 열심히 공부해 좋은 직장에 들어가 아끼고 모아야 한다는 기본 전제가 잘못된 게 아닐까? 이런 생각들이 슬그머니 고개를 들었다. 그때부터 경제적으로 여유 있는 사람들을 찾아 그들에 대해 공부하기 시작했다. 그러면서 알게 되었다. 내가 무엇에 무지했었는지를.

부자가 된 사람들에게 열심히 일하고 월급을 아끼고 모으는 행위는 열심히 사는 게 아니라 당연한 것이었다. 그들은 나아가 아끼고 모은 것을 어떻게 굴려야 하는지 치열하게 공부했다. 내가 갈피도 잡지 못하고 있는 동안 이미 앞서간 사람들은 꾸준히 그런 삶을 살고 있었던 것이다. 그제야 내가 앞으로 어떻게 사느냐에 따라 내 미래가 분명 달라질 수 있다는 사실을 깨달았다.

그런데 가난을 벗어던지기 위한 투자를 시작하고 싶어도 어디서부터 어떻게 해야 할지 물어볼 사람이 없어 막막했다. 투자에 대해 가르쳐줄 부모님도, 형제자매도, 멘토도 없었다. 그래서 맨땅에 헤딩하며, 시행착오를 겪으며 하나하나 배웠다. 지름길 따위는 없었다. 그저 묵묵히 수풀을 헤치며 더듬더듬 길을 찾아나갔다.

그렇게 조금씩 자본주의를 이해하고 공부하고 투자하고 나서야 비로소 삶의 변화가 찾아왔다. 투자를 통해 30대에 내 집 마련을 할 수 있었고, 내 자식에게 가난을 대물림하지 않고 더 나은 환경을 물려줄 수 있겠다는 생각이 들었다. 이런 확신이 현재를 더욱 열정적으로 살게 하는 동력이 되었다.

우리는 각종 매체를 통해 몇 년 만에 수십억 원의 자산을 벌었다는 숱한 성공 신화를 마주한다. 누군가는 그런 이야기에 감탄하고, 누군가는 절망한다. 그런데 중요한 것은 그런 성공 신화를 얼마나 많이 알고 있느냐가 아니라 내가 성공 신화를 어느 정도 따라갈 수 있느냐가 아닐까.

성공 방정식, 탑 시크릿을 알려준다 해도 따라 할 수 있는 사람과 없는 사람이 있듯, 모두가 같은 방법으로 성공할 수는 없는 노릇이다. 결국 부를 이루기 위해서는 각자의 능력과 상황을 냉정하게 판단하고 자기만의 방법과 경로를 설정해 달성하는 것 말고는 방법이 없다.

이 책은 내가 '투자를 시작할 때 미리 알았으면 좋았을 걸'이라고 생각한 내용을 정리한 것이다. 재테크에 대한 시행착오를 줄이고 현실적인 목표를 수립하고 달성하는 방법을 제시했다. 재테크를 시작하는 대부분의 사람은 다양한 방법으로 크고 작은 투자 실패를 경험한다. 실패를 통해 발전하지 않는다면 실패로 끝나겠지만, 실패를 통해 앞으로 나아간다면 그것은 성공을 위한 디딤돌로 변할 것이다.

앞으로 어떻게 살아가야 할지 고민하고 있는가? 뭔가 잘하고 싶은데 어디서 어떻게 시작해야 할지 모르겠는가? 당신이 30대 직장인이라면, 아이를 가진 부모라면 내가 했던 생각과 경험들이 분명 도움이 될 것이라 확신한다. 부디 이 책이 자본주의 시대에 살아남고자 하는 사람들에게 도움이 되길 바란다. 가난과 결핍을 끊어내고 부의 미래로 한 걸음 나아가자.

프롤로그

우리는 왜 자본주의를 배우지 않은 걸까

대한민국을 구성하는 체제를 큰 틀에서 본다면 두 가지다.

- **정치 체제: 민주주의(↔ 독재, 왕정)**
- **경제 체제: 자본주의(↔ 공산주의)**

우리는 민주주의의 의의와 역사 등은 초중고 정규 교육 과정에서 근현대사, 정치, 사회 등 다양한 교과목을 통해 꾸준히 배워왔다. 그러나 자본주의 체제 속에 살면서 자본주의에 대한 교육은 제대로 받은 적이 없다.

자본주의를 간단히 요약하면 '사유재산제에 바탕을 두고 이윤 획득을 위해 상품의 생산과 소비가 이루어지는 경제 체제'라고 할 수 있다. 이외에 '모든 재화에는 가격이 성립되어 있다', '노동력은 상품화된다' 정도의 특징이 있다. 이런 교과서적 개념은 대략적으로 알고 있지만, 이것이 실생활에서 어떤 식으로 적용되는지 고민해본 사람은 별로 없을 것이다. 평범한 가정에서 자란 대부분의 사람은 경제, 금융에 대한 지식을 학교에서는 물론이고, 부모님에게도 특별히 배운 적이 없다. 혹여 물어봐도 "그런 거 신경 쓰지 말고 공부나 열심히 해"라는 말을 듣기 일쑤였을 것이다. 그렇게 학창 시절엔 대학 진학을 위해 입시 공부에 전념하고, 대학에 진학해서는 취업을 위해 경주마처럼 앞만 보고 달려왔을 것이다.

베이비부머인 부모님 세대는 정년까지 회사에 충성하고, 열심히 아끼고 저축하면 내 집 하나 마련하는 일이 충분히 가능했다. 물론 당시에도 내 집 마련은 쉬운 일이 아니었다. 그래도 '주거 사다리'라는 것이 존재했기에 단칸방에서 시작해도 알뜰살뜰 모아 조금씩 옮겨가며 내 집 마련을 할 수 있었다.

그런데 지금은 어떤가. 그때와는 상황이 완전히 다르다. 치열한 경쟁을 뚫고 괜찮은 직업을 구했다 하더라도 막상 세상에 나오면 막막하다. 월급은 뻔하고, 정년은 없어지는 추세다. 내 몸 하나 편히 누일 작은 집 하나 구하려고 해도 '억' 소리가 난다. 특히 서울 아파트의 가격은 하늘 높은 줄 모르고 치솟는다. 통계적으로 봐도 월급만으로 내 집을 마련하는 길은 점점 멀어져 가고 있다.

PIRPrice to Income Ratio이라는 수치가 있다. 직장인 평균 연봉을 한

푼도 쓰지 않고 모았을 때 주택을 구매하는 데까지 걸리는 시간을 나타내는 지표다(흔히 말하는 '숨만 쉬고 살았을 때 아파트를 사려면 몇 년이 걸릴까?'의 개념이다).

서울 아파트를 기준으로 보자.

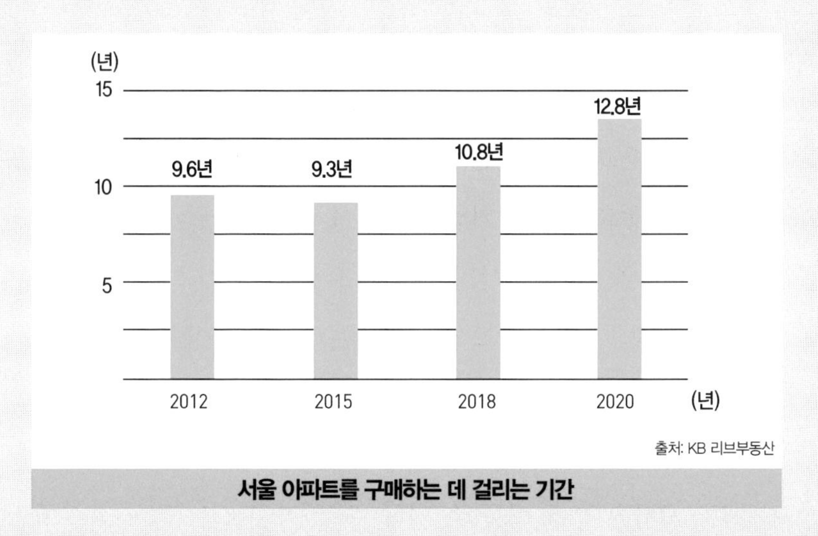

서울 아파트를 구매하는 데 걸리는 기간

2020년 역대 최고치를 갱신했다. 수도권 지역의 PIR도 크게 다르지 않다. 2020년 기준 역대 최고치인 경기 지역은 9.2년, 인천 지역은 8.6년을 기록했다. 직장인의 근로소득 평균 상승률은 약 3%다. 일해서 버는 돈의 한계는 명확한데 자산 격차는 계속 벌어지고 있다. 이대로 괜찮을까? 이런 상황에서 대체 뭘 해야 할까? 단순히 돈을 아끼고 모으면 내 집 마련을 할 수 있을까? 그리고 집 한 채만 있으면 충분할까?

사실 부모님 세대에서 내 집 마련에 성공한 사람 중에 현재 노후 준비가 제대로 되어 있지 않은 사람이 상당히 많다. 30년 이상 일했는데 왜 노후가 불안한 걸까? 열심히 살지 않아서? 아니다. 자본주의 사회에서 '열심히' 사는 것과 '잘'사는 것은 다른 말이라는 사실을 알아야 한다. '얼마나 열심히 살고 있는지'보다 '어디를 향해 가고 있는지'가 더 중요하다. 주변을 둘러보면 월급을 모아서, 즉 근로소득으로 부자가 되었다는 사람은 찾기 어렵다. 상속, 사업 또는 투자소득으로 부를 이룬 사람이 대부분이다. 근로소득이 아닌 자본소득의 중요성이 더 커진 사회에서 자본주의에 대한 교육 없이 맨몸으로 세상에 나와서는 절대 안 된다.

생각해보자. 우리가 살고 있는 사회는 '근로주의 혹은 노동주의'인가, 아니면 '자본주의'인가? 당신은 자본주의를 이해하는 사람인가, 이해하지 못하는 사람인가. 자본주의를 이해하고 전략적 사고를 하는 사람은 부를 이룰 수 있다. 하지만 자본주의를 이해하지 못하고 열심히 일만 하는 사람은 돈으로부터 자유로워질 수 없으며 결국 돈의 노예로 남게 된다. 시간이 지날수록 육체는 늙고 병들며 하루에 일할 수 있는 시간은 정해져 있기 때문이다.

워런 버핏Warren Buffett은 이런 말을 남겼다.

"잠자는 동안에도 돈이 들어오는 방법을 찾아내지 못한다면 당신은 죽을 때까지 일해야 할 것이다."

자본주의 사회에서 투자소득과 자본소득은 선택이 아닌 필수다. '해야 하는 것'이 아니라 '안 하면 안 되는 것'이다. 우리는 자본주의 시대를 제대로 살기 위해 다음 네 가지 기본 요소를 알아야 한다.

- **자본주의를 이해하고 자본을 버는 방법**
- **자본을 모으는 방법**
- **자본을 운용하는 방법**
- **자본을 잘 사용하고 잘 지키는 방법**

이 책을 통해 이 네 가지 내용을 하나씩 알아보도록 하자.

경제적 자유를 위한 7단계

5,000만 국민에게 5,000만 가지의 꿈이 있듯 자본소득을 만들려는 사람에게도 다양한 목표가 있을 것이다. 누군가는 은퇴 후 자식에게 짐이 되지 않도록 최소한의 노후 준비를 하는 것이, 누군가는 하루라도 빨리 직장에서 벗어나 경제적 자유를 얻는 것이, 또 누군가는 부동산 투자를 통해 월세를 받는 것이 목표일 수 있다. 이미 많은 자산을 가지고 있거나 상속 받을 유산이 많다면 걱정 없겠지만 대부분의 사람은 그렇지 않기 때문에 스스로의 기대 소득과 자산 목표를 설정하고 자산 포트폴리오를 설계해야 한다. 특히 우리나라와 같이 노인빈곤율 최고 국가에서 최소한의 노후 준비를

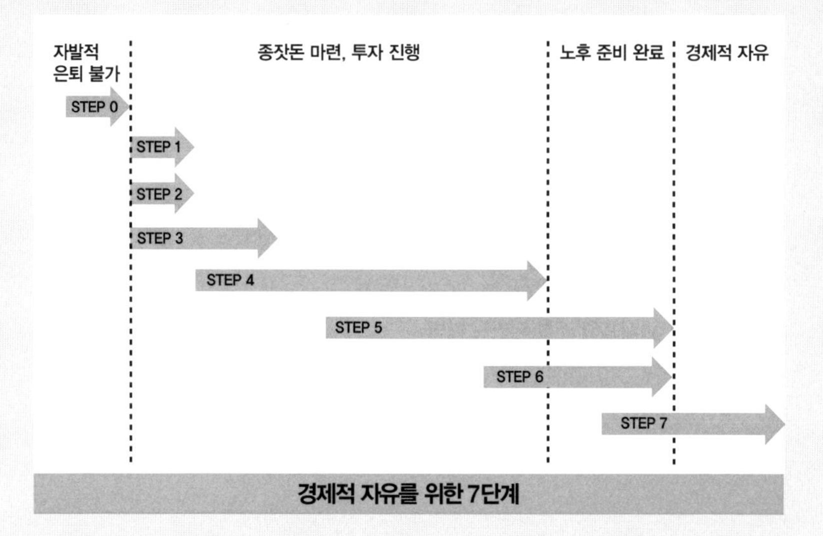

위한 개인 자본소득 마련은 필수다. 목표금액과 기간은 다를 수 있지만 다음과 같이 현실적인 7단계 계획을 고민해봤다.

[STEP 0. 무지] 자본소득에 대해 무지한 상태. 근로소득만 추구(투자자산 없음)

[STEP 1. 개안] 근로소득 외 자본소득의 필요성과 중요성을 깨닫고 투자 공부를 시작하는 단계

[STEP 2. 점검] 현재 수준과 향후 필요금액을 설정하고 실천 계획을 수립하는 단계

[STEP 3. 준비] 노후 준비를 위한 의미 있는 수준의 종잣돈을 마련하는 단계(목표금액의 10% 모으기)

[STEP 4. 실천] 노후 준비 및 경제적 자유를 위한 자본 투입과 이를 성실히 실천하는 단계

[STEP 5. 가속] 경제적 자유를 위한 목표 달성 가속화. 머니 파이프라인 확장 단계

[STEP 6. 미완] 자본소득 〉 최소 생활비+α. 최소한의 노후 준비 완료 단계(자본소득 + 연금)

[STEP 7. 자유] 자본소득 > 근로소득. 자본소득이 근로소득을 넘어 근로가 선택이 되는 단계

우리는 떠밀려서 은퇴하게 될까, 아니면 은퇴 시점을 스스로 정하고 아름답게 물러나게 될까? 그 선택과 결과는 자신에게 달려 있다. 나는 자본소득이 근로소득을 넘어서는 단계인 '경제적 자유'를 얻기 위한 선택을 했고, 아무것도 모르는 상태에서 맨땅에 헤딩하며 공부를 시작했다. 처음엔 힘들었지만 꾸준히 노력하니 가야 할 길, 미래가 조금씩 보이기 시작했고, 목표에 한 걸음씩 다가가자 희망이란 것이 생겼다.

지금부터 자본주의를 이해하고 작게는 노후 준비, 궁극적으로는 경제적 자유를 목표로 하는 사람들이 반드시 알아야 할 내용들을 소개할 것이다. 스스로의 목표에 맞게 단계별 계획과 금액 설정, 달성 방법 등을 생각해보고 자신만의 길을 만들어나가자.

차
례

STEP 2

점검 자신의 위치를 파악하고 방향을 명확히 하자

STEP 3

준비 의미 있는 종잣돈을 만들자

STEP 4

실천 모으면서 꾸준히 투자하자

STEP 5

가속 시간 관리와 머니 파이프라인

STEP 6

미완 최소한의 노후 준비 완료 단계

STEP 7

자유 근로가 선택이 되는 단계

STEP 0

무지

자본주의를 모른다는 사실을 깨닫자

자본주의는 빚이다

재테크의 핵심은 돈(자본)을 모으고 꾸준하게 불려나가는 것이다. 단기간에 끝나는 것이 아닌, 인생 전반에 걸쳐 지속적으로 실천해야 하는 대단한 도전 중 하나다. 우리가 새로운 도전을 할 때, 예를 들어 시험 같은 것을 준비할 때 무엇을 가장 먼저 하는가? 보통 무슨 시험인지에 따라 범위와 난이도, 공부해야 할 내용을 살펴본 뒤 공부를 시작한다. 재테크도 이와 같지 않을까? 돈과 그 돈이 움직이는 세상인 자본주의에 대해 어느 정도 알고 시작해야 하지 않을까?

자본주의 사회에 제대로 적응하고 부를 쌓으려면 자본주의가 어떻게 돌아가는지 그 작동 원리를 먼저 알아야 한다. 결론부터 이야기하면 자본주의는 빚(부채)으로 이루어진다. 빚은 두 가지 축, 신용credit과 이자interest로 구성된다. 자본주의 사회에서 부를 쌓으려면 이 두 가지를 잘 이해하고 활용할 줄 알아야 한다.

마트에서 장을 보다 우연히 한 어머니와 초등학교 저학년 아이의 대화를 들었다.

아이 엄마, 나 장난감 하나 사주세요.

엄마 미안. (지갑을 보여주며) 봐, 엄마가 오늘 장난감 사줄 돈이 없어.

아이 돈이 없으면 카드로 사면 되잖아요.

요즘 사회에서 꽤 자주 마주치는 상황이다. 이 짧은 대화 속에 자본주의의 기초가 담겨 있다.

- **물건을 구매하고자 한다. → 소비활동**
- **물건 구매 시 현금(실물화폐)을 쓰려고 한다.**
- **현금이 없어 대안으로 카드결제(신용거래)를 하고자 한다.**

고대 사회에서는 물물교환을 했지만 현대 자본주의 사회에서 물건을 사려면 돈을 지불해야 한다. 돈을 지불할 때는 현금 또는 카드 등을 활용한다. 돈이 없으면 생활이 불가능할 정도로 하루에 수없이 많은 돈과 물건들이 교환되고 있는데 우리는 '돈'에 대해 곰곰이 생각해본 적이 없다. 공기처럼 옆에 있는 게 너무 당연해서인 걸까?

돈을 번다는 행위는 달리 말하면 돈이 나에게 오도록 하는 행위라고 할 수 있다. 돈은 어디서 와서 어디로 가는 것일까? '자본주의 시스템 속에서 돈은 어떻게 만들어지고 어디로 흘러가는 것일까?'라는 질문을 바탕으로 자본주의에 대한 나의 첫 공부가 시작되었다.

돈의 독특한 유통 방식

돈은 한국조폐공사에서 찍어내고 은행을 통해 유통된다고만 생각했다. 하지만 돈은 조금 독특한 방법으로 생산·유통되고 있었다. 교과서적인 용어를 먼저 알아보자. 돈은 경제 용어로 '통화'라고 지칭하며, 통화에는 '본원통화'와 '파생통화'라는 개념이 있다. 본원통화는 실제로 발행한 돈을 의미한다. 실제 만질 수 있는 지폐, 동전이라고 생각하면 된다.

한국조폐공사에서 실물 돈을 발행하고, 중앙은행(한국은행)에서 관리한다. 이런 화폐가 한국은행에만 보관되어 있으면 아무 일도 일어나지 않는다. 실제로 돈이 경제시장에 유통되어야 의미가 생

통화	구분	한국은행	A은행	B은행	C은행	…	합계
본원통화	화폐 발행	100				…	100
파생통화	예금		100	90	81	…	1,000
	지급준비금		10	9	8.1	…	100
	대출		90	81	72.9	…	900

돈은 어떻게 유통되는가

긴다. 한국은행은 시중은행을 통해 본원통화를 시장에 공급하며, 이렇게 시중에 공급되어 돌아다니는 돈을 '파생통화'라 한다.

한국은행에서 돈을 100만큼 만들어 그 돈을 모두 A은행에 예금했다고 가정하자. A은행은 그중 일부인 10%를 예비자금(금융 용어로 '지급준비금'이라 한다)으로 남겨두고, 나머지 90%는 대출을 해준다. 그런데 신기한 일이 발생했다! 분명히 실제 지폐로 만든 돈은 100인데 예금 100, 대출 90, 합해서 190만큼 활용 가능한 돈이 생긴 것이다. (본원통화는 100, 파생통화는 90, 즉 시중에 돌아다니는 돈이 늘어났다?!)

A은행에서 대출해준 90은 B은행에 예금될 수 있고, B은행은 그중 일부를 예비자금(10%인 9)으로 준비하고 나머지(90%인 81)를 대출해줄 수 있게 된다. 이러한 과정에서 돈은 실제가 아닌 전산에서만 움직인다. 이 과정을 반복하면 유통 가능한 돈은 2,000으로, 최

초 금액의 20배 가까이 불어나게 된다.* 흥미로운 것은 대출을 많이 해줄수록 시중에 돈이 많아지고, 그 대출이 돌고 돌아 은행에서 다시 빌려줄 수 있는 돈이 많아진다는 점이다. 말 그대로 돈이 돈을 낳는 셈이다. (은행, 카드사, 대부 등의 금융업체에서 대출 권유 스팸 문자 메시지와 전화를 돌리는 이유가 이 때문인 듯하다.)

실물화폐(본원통화)보다 전산상에서 숫자로 찍히고 유통되는 돈(파생통화)이 더 많다. 이제 일상생활에서 현금 같은 실물화폐보다 체크카드, 신용카드, 카카오페이 등 전산화된 수단으로 결제하는 것이 일반화되었다. 심지어 지갑을 가지고 다니지 않거나 최소한의 현금만 가지고 다니는 사람도 많다. 하지만 돈을 실물로 가지고 있지 않더라도 기계상에 숫자로 입력되어 있는 돈이 사라질까 불안해하지 않는다. 실물 돈이 옮겨 다니지 않아도 그 돈이 사라지지 않는다는 믿음이 있게 때문이다. 즉 돈에 대한 상호 약속인 '신용'이 있는 것이다. 신용 때문에 거래가 가능해지고, 그렇게 신용은 돈을 만들고 유통하는 자본주의의 또 하나의 축이 된다.

'실제 발행된 돈보다 돌아다니는 돈이 훨씬 더 많다니! 그런데

---

* 기존 원금에서 계속 90%를 늘려 유통하게 되므로 그 합을 계산하면 원래 금액의 각 10배가 된다.
a = 원금, r = 등비율(90% = 0.9)
합계 = a / 1 - r
= 100 / (1 - 0.9) = 1,000
예금 1,000
(지급준비금 + 대출금) = 1,000
합계 2,000

왜 계속 돈을 만들어야 하지? 그냥 있는 돈을 활용하면 되는 거 아냐?'라는 생각이 들 수도 있다. 그렇다면 왜 이런 상황이 벌어진 걸까? 답은 '이자'에서 찾을 수 있다.

한국은행과 달리 시중은행들은 기업이고, 기업은 자선단체가 아니다. 영업을 통해 이익을 만들어야 하기에 대출을 해줄 때 이자를 치르게 한다. 그런데 이 이자는 어디에서 올까? 이자를 받기 위한 과정에서 또 다시 새로운 돈이 만들어진다. 간단한 예시를 통해 알아보자.

외딴 곳에 작은 섬이 하나 있다. 이곳에는 은행이 한 곳뿐이다. 은행에서 돈을 딱 1만 원만 발행해 이 지역에 돈이 1만 원만 있다고 생각해보자. 어부 A는 물고기를 잡기 위해 배가 필요했고, 배를 사기 위해 은행에서 1만 원을 빌렸다. 은행에서 돈을 빌릴 때는 이자가 붙는다(3%로 가정). 어부 A는 은행에서 빌린 돈으로 가게 B에 1만 원을 지불하고 배를 구매해 물고기를 잡았다. 그리고 물고기를 섬 주민들에게 모두 팔아 섬에 있는 모든 돈 1만 원을 다시 모았다. 어부 A가 은행에서 빌린 돈은 이자를 포함해 10,300원이다. 섬에 있는 돈이 1만 원뿐인데 이자 300원을 어떻게 갚을 수 있을까?

이자를 발생시키고 그 이자를 회수하려면 은행이 추가로 돈을 발행해 누군가에게 대출을 해줘야 한다. 그래야 돈이 시장에 풀리고, 그 돈의 일부를 벌어 이자를 갚을 수 있다. 결국 이자는 빌린 돈(빚)을 갚기 위해 발생하는 것이고, 빌린 돈을 갚기 위해서는 다

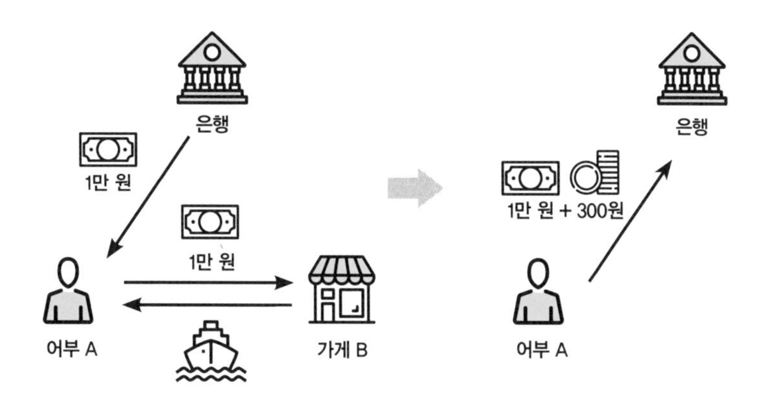

이자는 어디에서 오는가

른 사람의 빚을 가져와야만 한다. 내가 직접 은행에서 대출받은 돈만 빚이 아니다. 유통되고 있는 돈 모두 결국 빚과 이자가 이동한 것이다.

이런 내용을 공부하고 나니 신용카드에 왜 '신용'이라는 말이 붙는지 이해가 되지 않는가? 나의 빚 상환능력(신용) 범위 내에서 카드사가 나 대신 돈을 내주면(단기로 빌려줌) 카드대금일에 내가 돈을 상환하는 구조이기 때문이다. 여기에 '무이자' 사용이냐, '이자 할부' 사용이냐의 차이도 있으니 신용카드야말로 개인의 작은 자본주의 시스템이라 할 수 있다. 만약 신용카드라는 용어 대신 '빚카드'라는 용어를 사용한다면 카드를 훨씬 덜 쓰게 될지도 모른다. 우리가 흔히 사용하는 용어 하나에도 자본주의가 녹아 있다.

자본주의는 이렇게 빚으로 이루어지고, 빚은 빌려준 돈을 받을

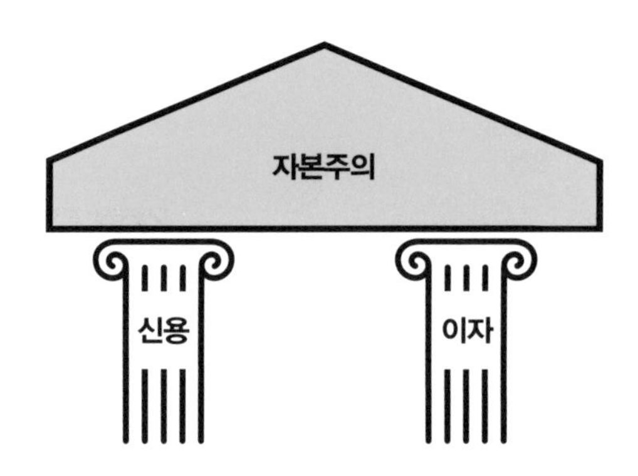

자본주의의 두 기둥, 신용과 이자

수 있다는 신용과 빚을 갚기 위해 발생하는 이자, 이 두 가지 축으로 이루어진다고 볼 수 있다.

이 두 축 중 어느 하나라도 무너지면 자본주의에 큰 혼란이 벌어질 것이다. 돈을 빌렸는데 원금과 이자를 갚지 못하는 상태, 즉 신용이 무너지면 어떻게 될까? 개인 신용이 무너지면 신용불량자가 될 수 있고, 기업 신용이 무너지면 도산(부도)될 수 있으며, 국가 신용이 무너지면 IMF 사태, 그리스의 디폴트 선언 등과 같은 국가 부도를 맞게 될 수 있다. 이것이 자본주의 사회에 사는 우리가 신용과 이자에 대해 이해하고, 부채와 이자를 현실적으로 관리하고 활용하는 법을 공부해야 하는 이유다.

현금의 가치를 떨어뜨리는 인플레이션

'인플레이션inflation'이라는 용어를 한 번쯤 들어봤을 것이다. 인플레이션의 사전적 정의는 '통화량의 증가로 화폐가치가 하락하고, 모든 상품의 물가가 전반적으로 꾸준히 오르는 경제 현상'이다. 그런데 이런 정의를 잘 몰라도 우리는 현실에서 인플레이션의 의미를 매우 잘 느끼고 있다. 이런 말을 자주 사용하지 않는가.

"월급 빼고 (물가가) 다 올라!"

돌이켜보면 물가는 꾸준하게 올랐다. 가격이 오르는 원인은 크게 두 가지가 있다. 첫 번째는 고급화다. 최고급 스마트폰과 일반 스마트폰은 사용된 부품 가격이 다르므로 제품 가격도 다르다. 새로운 기술이 적용되거나 부가 기능이 추가됨으로써 가격이 오르는 구조다.

두 번째는 기술 변화는 없는데 가격(물가) 자체가 오르는 경우다. 짜장면 가격을 생각해보자. 우리 부모님 세대까지 거슬러 올라갈 것도 없다. 2000년대에는 2,500~3,000원, 2010년대에는 4,000~4,500원이었던 것이 2020년대에는 5,000~6,000원 수준이 되었다. 짜장면 가격이 왜 이렇게 오른 것일까? 짜장면이 고급화되어서? 그렇지 않다. 예전이나 지금이나 들어가는 재료도 같고 맛도 크게 달라지지 않았다. 다만 식재료비, 인건비, 임대료 등의 인상이 가격에 반영된 것이다. 기술이 변하지 않더라도 부대비용이 인상되면 가격에 반영되어 물가가 오를 수밖에 없다.

많은 사람이 월급이 오르지 않는다고 하소연한다. 그런데 평균 월급이 줄어든 적은 있었는가? 물론 회사가 어려워 연봉이 동결되는 경우도 있지만 평균적으로 1~2%, 많이 오르는 곳은 3~5% 이상 매년 꾸준히 올랐다. 그렇다면 오른 내 월급은 어디에서 만들어졌을까? 회사가 판매하는 제품, 서비스 등의 가격이 올랐기 때문에 내 월급도 오를 수 있었던 것이다. 즉 물가가 오르면 임금이 오르고 임금이 오르면 자연스럽게 물가도 오른다.

'금'의 경우를 생각해보자. 금 1돈 가격이 20만 원을 훌쩍 넘는다. 2000~2010년대에는 1돈당 10만 원대였는데 말이다. 등락은 있었지만 역사적으로 금 가격은 꾸준히 상승했다. 그런데 이미 채굴하고 가공한 금 가격이 꾸준히 오른 이유는 무엇일까? 이는 금 가격이 올라간 게 아니라 현금가치가 떨어진 것, 즉 현금으로 살 수 있는 물건의 양이 줄어든 것이다. 쉽게 말해, 인플레이션의 결과로 발생한 일이다. 그렇다면 인플레이션을 잡아야 화폐가치가 올라가지 않을까? 그런데 '인플레이션=나쁜 것=꼭 잡아야 하는 것'의 개념일까?

우리가 뉴스, 신문 등에서 종종 접하는 사례가 있다. 바로 베네수엘라와 짐바브웨 이야기다. 이들 국가는 대내외적 불안으로 화폐가치가 매우 빠르고 크게 떨어졌다. 물가가 엄청나게 폭등해 당시 100억 짐바브웨 달러로 살 수 있는 것은 고작 계란 세 알이었다고 한다. 그것도 모자라 이후 100조 짐바브웨 달러 지폐가 만들어지는 지경에 이르렀다. 감당이 안 되는 인플레이션이 일어난 것

하이퍼 인플레이션

이다. 이는 일반적인 인플레이션이 아닌 하이퍼 인플레이션hyper inflation의 사례다.

하이퍼 인플레이션이란 물가가 '통제를 벗어나' 수백 퍼센트 이상의 상승률을 기록하는 현상으로, 일반적인 상황에서는 쉽게 일어나지 않는다. 전쟁, 혁명 등 사회적으로 큰 혼란이 일어나는 경우나 국가 재정의 극심한 악화, 신용도 하락으로 인해 발생한다. 그러니 하이퍼 인플레이션은 꼭 막아야 하는 상황이 맞다.

그러나 많은 국가에서는 늘 적정한 수준의 인플레이션(연간 1.5~2.0%)을 유발시키는 것을 목표로 경제 정책을 펼친다. 왜 인플레이션을 유발시켜야 하는 걸까? 바로 소비 활성화와 부채 관리를 통해 자본주의가 잘 작동하게 하기 위해서다.

인플레이션 유발 이유 1.
소비를 유도해 경기를 활성화시킨다

자본주의에서 돈의 이동은 빚의 이동이라고 했다. 돈은 소비, 저축, 생산, 투자 등의 경제활동을 통해 이동한다. 보통 소비가 일어나면 기업의 매출과 이익이 증가하고, 물건이 잘 팔려 기업의 이익이 증가하면 물건을 더 생산하고 유통할 수 있도록 투자를 늘린다. 이렇게 되면 고용과 생산 설비 등에 투자를 하게 되고, 그 과정에서 근로자와 관련 설비업체 등의 소득도 늘어난다. 늘어난 소득은 다시 소비에 활용되는 이른바 선순환이 이루어진다. 이렇게 활발하게 돈이 흘러야 경제 상황이 좋은 것이다(호경기).

인플레이션은 이러한 소비와 투자를 촉진시키는 역할을 한다. 인플레이션을 적절히 유발하는 것이 왜 중요한지는 반대 개념인 디플레이션deflation을 생각하면 더 명확히 알 수 있다. 디플레이션의 사전적 정의는 '통화량 축소에 의해 물가가 하락하고 경제활동이 침체되는 현상'이다. 쉽게 말하면 인플레이션과 반대로 '물건 가격이 하락하고 돈의 가치가 올라가는 것'이다.

'돈의 가치가 올라가면 같은 돈으로 살 수 있는 게 많아지니 좋은 거 아냐?'라고 생각할 수도 있지만 제품 가격, 즉 물가가 하락하는 것은 일반적으로 경제에 부정적인 영향을 미친다. 가격 하락의 원인은 크게 두 가지 경우로 나누어 볼 수 있다. 첫째는 생산 및 공급이 과다하거나 수요가 감소하는 경우(나쁜 경우)이다. 둘째는 기술의 발달로 생산성이 향상되어 제품의 가격이 낮아지는 경우(좋은 경우)이다.

생필품과 달리 선택적으로 소비하는 물건들이 있다. 당장 필요하지는 않지만 사고 싶은 물건이 바로 그것이다. 똑같은 성능의 가전제품, 자동차, 스마트기기 등을 올해 구입하면 100만 원인데 내년에는 물가 상승이 반영되어 105만 원에 구입할 수 있다면 소비자들은 어떤 선택을 할까? 현재의 100만 원을 1년 후에 105만 원 이상으로 불릴 수 없다면 어차피 살 거 지금 사는 게 이익이라 생각하고 구매를 결정할 것이다.

반대로 '내년에 가격이 더 내려갈 수도 있으니 기다렸다가 사야지'라는 생각이 들면 어떻게 될까? 수요가 줄어들어 재고가 쌓이고, 재고가 쌓이면 물건들을 처분하기 위해 가격을 낮춰서라도 판매한다(우리가 흔히 아는 떨이, 덤핑 판매가 이것이다). 소비자는 물건 가격이 떨어지기 시작하면 앞으로 더 떨어질 것이라 생각하고 소비를 미룬다(소비이연효과). 소비가 미뤄지면 기업 매출과 이익이 감소하고, 당연히 돈을 잘 벌지 못한 기업은 생산, 고용 등에 투자를 적극적으로 하지 못하고 위축된다. 그러면 경기가 침체되고, 경기침체는 자산의 가격 하락으로 이어진다. 내가 가지고 있는 자산의 가치가 하락하니 불안감이 커지고, 사람들은 더욱더 소비를 하

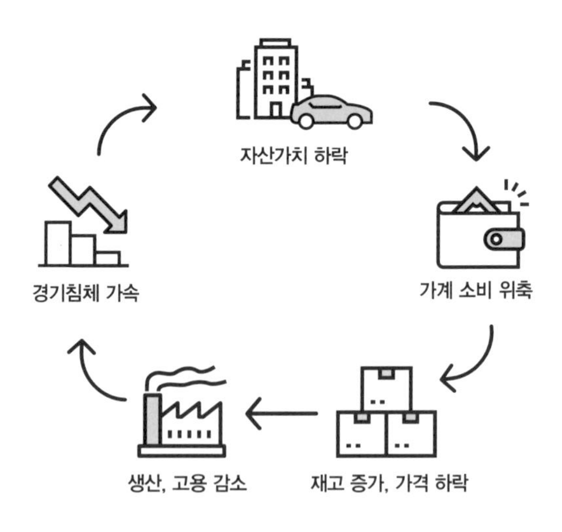

디플레이션의 악순환

지 않게 된다. 이러한 상황이 추세적으로 이루어지면 그림과 같이 (36쪽) 경제의 구조적 악순환 고리에 빠지게 된다(불경기).

정부는 이러한 경제의 악순환을 막기 위해 일정 부분의 인플레이션을 발생시켜 소비-투자-고용이 선순환을 이루게 한다. 하지만 기술 혁신으로 가격이 하락하는 경우는 다르다. 컴퓨터가 세상에 처음 나왔을 때는 수백만 원의 가격이 매겨졌지만 지금은 그때보다 사양이 엄청나게 좋아졌음에도 100만 원 남짓한다. 인터넷도 처음 나왔을 때 통신 속도가 매우 느렸음에도 월 3~4만 원의 사용료를 부담했는데, 지금은 수백 배가 빨라졌지만 가격은 저렴하다. 기술 혁신과 생산성의 고도화로 인한 가격 하락은 바람직한 현상이다.

인플레이션 유발 이유 2. 신용과 이자를 관리해야 한다

인플레이션을 유발해야 하는 또 다른 이유는 '부채' 때문이다. 앞서 자본주의는 빚으로 이루어지고, 신용과 이자로 유지된다고 설명했다. 하지만 빚을 무한정 늘릴 수는 없다. 원금과 이자를 상환하지 못해 신용이 무너지면 끝이기 때문이다. 개인이 부채를 갚지 못하면 신용불량자가 되고, 금융기관에서 그런 사고가 연쇄적으로 발생하면 큰 위기가 닥친다. 우리나라의 IMF 사태, 그리스의 디폴트 선언, 리먼 브라더스 사태 모두 금융기관이 파산하고 국가가 부채를 상환하지 못하면서 일어났다. 그렇다면 국가는 자본주의 신용 시스템의 붕괴를 막기 위해 어떤 노력을 기울일까?

부채는 직접적으로 줄일 수도 있고, 간접적으로 줄일 수도 있다. 직접적인 방법은 당연히 부채를 갚는 것이다. 개인은 물론 국가도 소비와 지출을 줄여 빚의 원금과 이자를 갚아나가는 방법이다. 개인은 소득을 늘리거나 지출을 줄이는 노력을 할 것이고, 국가는 부채를 관리하기 위해 정부 지출을 직접적으로 축소하거나 세금을 올려 수입을 늘리는 방법(법인세, 직접세, 간접세 등)을 선택할 수 있다. 또 유통되는 빚의 총량을 관리하는 방법을 사용하기도 한다. 기준금리를 올리거나 은행 대출을 제한해 시중의 부채를 줄이는 것이다. 이렇게 하면 부채를 즉각적으로 그리고 근본적으로 줄일 수 있다. 하지만 실물경제에 큰 충격이 발생하고, 혹여 속도를 잘못 조절하면 경기위축 또는 경기침체로 이어질 가능성이 크다.

간접적으로는 어떻게 줄일 수 있을까? 부채의 절대 금액을 건드리지 않고 원금과 이자의 상환 부담을 낮추는 방법이 있다. 금리를 낮춰 이자 부담을 줄여주고, 인플레이션을 유발시켜 화폐가치(즉, 빚 원금의 가치)를 낮추는 것이다. 인플레이션이 발생하면 현금가치가 상대적으로 떨어지므로 이는 원금뿐 아니라 이자 상환에 대한 실질적 부담도 낮아진다는 장점이 있다.

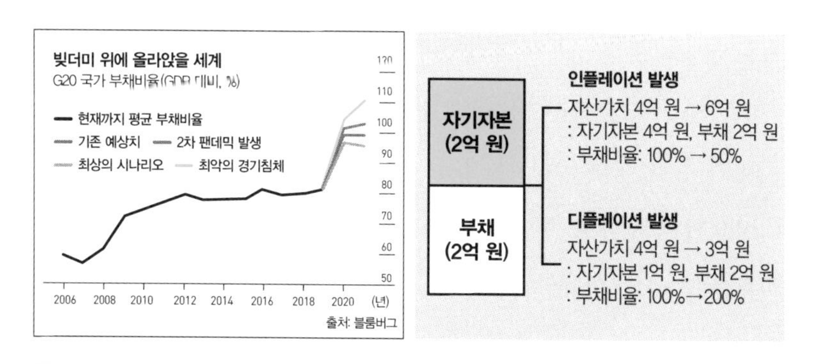

인플레이션은 어떻게 부채 관리에 도움을 주는가?

자기자본 2억 원과 부채 2억 원, 총자산 4억 원인 상황을 생각해 보자. 부채비율은 '(부채/자기자본)×100'으로, 100%다. 인플레이션이 발생해 자산가치가 4억 원에서 6억 원으로 늘어난다면 자기자본은 2억 원에서 4억 원으로 증가하고, 부채는 2억 원 그대로이니 부채비율은 50%로 감소한다. 부채를 직접적으로 갚지 않았는데도 부채비율이 줄어든 것이다.

반대로 경기가 침체되어 디플레이션이 발생해 자산가치가 4억 원에서 3억 원으로 줄어든다면 자기자본은 2억 원에서 1억 원으로 감소하고, 부채는 2억 원 그대로이니 부채비율이 100%에서 200%로 크게 상승한다. 이 경우 부채에 대한 부담이 커지기 때문에 가계에서는 소비가 위축될 수밖에 없다. 따라서 부채 관리 측면에서도 디플레이션보다는 완만한 인플레이션을 유도하는 정책을 펼치는 편이 유리하다.

다만 이 방법은 근본적인 해결책이 아니기에 단점도 명확하다. 자산가치만 상승하는 자산 양극화, 부의 양극화(빈부 격차)가 발생할 가능성이 매우 크다. 실제로 2020년 코로나19로 인해 사람들이 일상생활을 제대로 하지 못하면서 실물경제가 큰 타격을 입었다. 이를 해결하기 위해 각국 정부는 소비를 활성화하고자 지원금 등 정부 지출을 늘렸고, 그로 인해 국가 부채가 많아졌다. 전 세계적으로 성장률이 크게 반등해 수요-공급-고용의 선순환이 이루어지는 글로벌 호경기가 된다면 부채를 적극적으로 줄이는 긴축 재정을 고민할 수 있겠지만, 금리가 제로에 가까움에도 불구하고 주요 국가들의 성장률은 반등하지 못하고 있다. 또한 미국연방준비제도FED, Federal Reserve System는 2020년 9월 디플레이션 파이터 선언을 했다. 물가상승률(인플레이션)이 목표치인 2%로 충분히 회복될 때까지 금리를 쉽게 올리지 않겠다는 뜻을 밝힌 것이다.

자본주의 경제에서 두려운 것은 인플레이션이 아닌 디플레이션(지속될 경우 장기 경기침체 발생)이다. 그래서 앞으로도 적당한 수준의 인플레이션을 유지할 것이고, 그 결과 실물자산의 가치는 꾸준히 올라가고 화폐가치는 상대적으로 꾸준히 내려갈 수밖에 없을 것이다.

자본소득을 만드는 것은 선택이 아닌 필수

자본주의의 특성, 빚, 신용, 이자 관리를 위한 인플레이션 효과 등으로 현금가치는 점차 하락한다. 그런데 슬프게도 우리의 근로소득에 대한 기댓값은 동결 또는 하락하고 있다. 보통 회사는 연봉을 2~3% 정도 인상해주는데, 물가도 거의 비슷한 수준으로 올라 실제로 사용할 수 있는 금액(가처분소득)은 사실상 늘고 있지 않기 때문이다.

게다가 정년 보장과 평생직장에 대한 개념이 사라지고 있다. 심지어 대기업들도 공채를 줄이고 상시채용 또는 특별채용 등으로 채용 규모를 줄이고 있다. 정년이 있는 직장의 경우 기존 55세에서

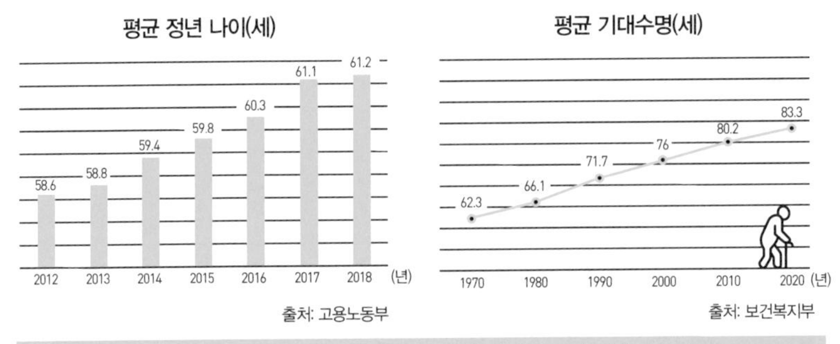

정체되는 평균 정년과 늘어가는 평균 기대수명

60세, 65세로 시기가 서서히 늦춰지고 있긴 하지만 의료 기술의 발달로 기대수명은 그 보다 더 빠르게 늘고 있어 정년 연장의 효과를 체감하기는 어렵다.

2020년 기준 평균 기대수명은 83.3세이며, 머지않아 100세 시대가 가까워질 것이다. 돈을 벌어야 하는 기간은 불안정해지고 소득 증가는 한계가 있는데, 은퇴 후 돈을 사용해야 하는 기간이 늘어나고 있다는 게 우리의 현실이다. 준비되지 않은 노후, 빈곤한 상태에서의 장수는 마냥 축복일 수 없다.

흔히 투자에 대한 소득을 '불로소득不勞所得'이라 표현하는데, 이는 사전적으로는 나쁜 뜻이 아니다. 그러나 사회적으로는 나쁜 뜻으로 인식하는 사람이 많아 나는 '비근로소득'이라는 표현을 선호한다. 사람이 하루에 근로할 수 있는 시간은 길어야 8~12시간이다. 그마저도 나이가 들면 육체에 부담이 가고 건강에 무리가 온다. 그러나 돈은 늙고 지치는 게 없다. 내가 일하지 않고 돈이 나 대신 일하는 것, 그게 바로 자본소득이자 비근로소득이다.

근로소득을 자본소득으로

해마다 통계청에서는 가계의 자산, 부채, 소득, 지출 등을 통해 국민들의 삶의 수준 및 변화 정도를 보여주는 '가계금융복지조사' 통계 보고서를 발간한다.

2020년 12월에 발표된 자료에 따르면, 2018년 대비 2019년 가구소득의 총합은 약 1.6% 증가하는 데 그쳤다. 비근로소득(재산소득=자본소득)의 비중은 약 6% 수준이다. 가구소득의 대부분이 근로소득과 사업소득에서 나온다. 즉 일을 그만두는 순간 소득이 급격하게 떨어질 수밖에 없는 구조이고, 이것이 평범한 사람들의 현실

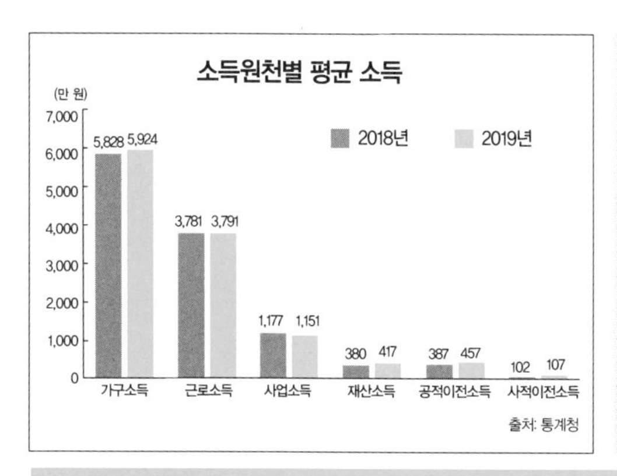

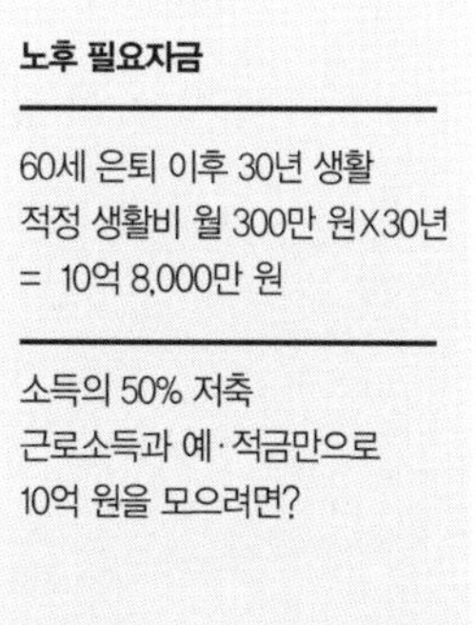

가구소득의 대부분인 근로소득, 한계는 명확하다

이다.

자본주의 사회에서 인플레이션은 러닝머신에 비유할 수 있다. 가만히 있으면 뒤로 밀려난다. 최소한 러닝머신이 움직이는 속도와 같은 속도로 걸어야 제자리를 유지할 수 있다. 더 앞서나가고 싶다면 달려야 한다. 우리가 직장을 다니면서 근로소득을 벌 때는 러닝머신과 같은 속도로 걷고 있는 것이니 현상 유지는 할 수 있다. 하지만 근로소득이 끝나는 시점(은퇴)이 오면 상황이 달라진다. 나는 모든 사람에게 "무조건 지금 당장 투자하세요"라고 말하려는 게 아니다. 다만 "근로소득 외 최소한의 자본소득이 없으면 결국엔 힘들어집니다"라는 말을 꼭 전하고 싶다. 인플레이션을 방어할 수 있는 정도의 자산, 자본소득을 만드는 최소한의 투자는 선택이 아닌 필수다. 그 이상은 개인의 수준과 목표에 따라 선택하면 된다.

사람마다 삶의 목표와 원하는 부의 크기가 다를 것이다. 정말 큰 부자까지는 바라지 않더라도 현재 삶의 수준을 유지 또는 개선하고 싶다면 최소한의 투자는 반드시 해야 한다. 모른다고, 두렵다고 외면하다간 비참한 노후를 맞이하게 될지도 모른다. 더 이상 미루지 말고 자본소득을 위한 투자 공부를 단계별로 시작해보자.

STEP 1

개안

투자에 눈을 뜨자

투자란 무엇인가

인플레이션은 꾸준히 일어날 것이고, 화폐가치는 지속적으로 떨어질 수밖에 없다. 그러니 돈을 현금 또는 은행 예금으로만 계속해서 쌓아두어서는 안 된다. 인플레이션에 의한 현금가치 하락에 대비하기 위해서는 현금 이외의 자산(투자자산)이 반드시 필요하다. 그런데 막상 투자를 시작하려고 하면 돈을 날리는 것은 아닌지 겁부터 날 것이다. 많은 사람이 '나이는 들어가고, 월급 인상 수준은 뻔하고, 아이가 커가면서 돈 들어갈 곳은 점점 늘어날 텐데 어떻게 하지?'라는 고민을 안고 산다. 그러면서 종종 이런 말을 내뱉는다.

"월급쟁이 월급은 뻔해. 진짜 큰돈을 벌려면 사업을 해야 해."

이런 말에 대부분의 사람은 “사업은 아무나 하냐?” 하고 그냥 웃어 넘겨버린다. 투자에 대해서도 이런 말들을 주고받는다.

“돈 있으면 진작 부동산 투자를 했지. 압구정에 있는 재건축 아파트 하나 사서 오래 묵혀두면 되잖아. 그런데 돈이 없는 걸 어째.”

“주식 투자는 할 줄 모르면 안 하는 게 돈 버는 거야. 주식 투자했다가 패가망신한 사람이 어디 한둘이야?”

반은 맞고, 반은 틀렸다. 제대로 공부하지 않고 하는 투자는 도박에 가깝고, 도박은 패가망신의 지름길이다. 그러나 우리가 직장을 다니는 동안 충분한 자본을 만들어놓지 못한다면 퇴직 이후에 결국 떠밀리듯 창업, 또는 투자를 하게 될 것이다. 퇴직 후 충분한 자본소득이 없고 투자를 할 줄 모른다면 결국 자영업의 세계에 뛰어들어야 할지도 모른다. 그런데 작은 사업인 자영업을 조금만 뜯어보면, 투자와 본질이 크게 다르지 않다는 사실을 알 수 있다.

투자와 사업의 공통점

돈 버는 공식을 간략하게 정리하면 다음과 같다.

수익−비용=이익

카페를 하나 운영한다고 상상해보자. 커피를 팔아 발생한 수익에서 원두, 커피머신, 직원 인건비, 가게 임대료, 공과금 등의 비용을 제하면 이익을 계산할 수 있다. 이익에서 각종 비용을 제한 것이 바로 순이익이다. 혼자서 창업했다면 순수익은 온전히 내 것이 되지만 누군가와 공동으로 창업했다면 절반만 내 몫이 된다.

기업(주식회사)도 마찬가지다. 투자금을 타인(주주)으로부터 조달해 사업을 하고, 투자금 비율대로 수익을 나눠 갖는다. 우리가 알고 있는 기업들의 사업 구조도 수입과 비용의 항목 차이만 있을 뿐, 본질은 동일하다.

- **커피원두값 = 기업이 생산하는 제품의 재료비 = 매출 원가**
- **직원 인건비 및 임대료 = 기업이 제품을 생산·관리하는 부대비용 = 판매비와 관리비**
- **창업 대출금 = 기업 부채에 대한 이자 = 이자비용**
- **소득세 = 수익에 대한 세금 = 법인세**
- **순이익 = 주주 및 회사의 순이익**

사업은 개인뿐 아니라 다양한 사회 구성원의 수익에 기여한다. 판매할 제품을 만드는 데 들어가는 원재료를 구입하면 그것을 판매하는 다른 기업의 수익이 된다. 인건비는 직원의 수익으로, 기계 구입 및 운영비는 제조사의 수익으로, 임대료는 건물주의 수익으

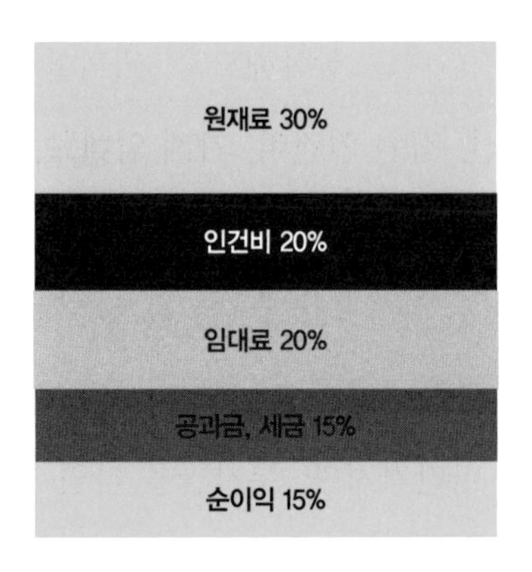

카페의 수익구조 = 투자와 사업의 본질은 동일하다

로 돌아간다. 또한 각종 공과금 및 세금은 국가 및 관리기관의 수익으로, 대출이자와 원금 등에 대한 몫은 채권자(은행 등)의 수익으로 돌아간다. 이처럼 사업은 다양한 사회 구성원의 수익에 기여하며 선순환이 이루어지게 한다. 결국 사업과 투자는 내가 직접 운영하느냐, 간접적으로 운영하느냐의 차이일 뿐이다.

유럽의 전설적인 투자자 앙드레 코스톨라니Andre Kostolany는 이렇게 말했다.

"부를 이루는 방법에는 네 가지가 있다. 첫째, 증여를 받는다. 둘째, 부자인 배우자를 만난다. 셋째, 비즈니스 모델이 훌륭한 사업을 한다. 넷째, 비즈니스 모델이 훌륭한 기업에 투자한다."

첫째와 둘째에 해당한다면 고민할 필요가 없다. 하지만 이에 해당하지 않는다면 부를 이루기 위해 사업 또는 투자를 해야 한다.

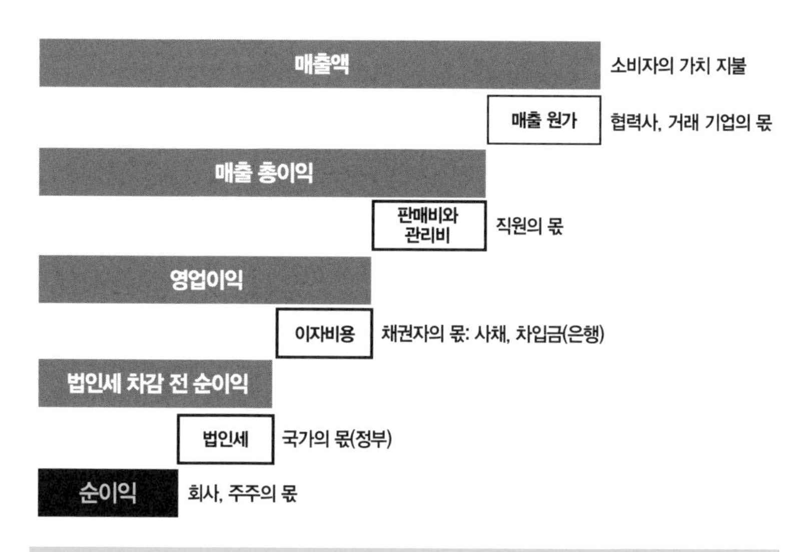

자본주의 사회 구성원 모두에게 기여하는 투자와 사업

훌륭한 비즈니스 모델의 사업이나 기업을 직접 운영하는 것은 누구나 할 수 있는 일이 아니지만, 그러한 기업에 투자하는 것은 가능하지 않을까? 그리고 나중에 떠밀려서 하기보다 하루라도 더 젊을 때 공부와 투자에 대한 준비를 하는 게 낫지 않을까?

왜 저축이 아니라 투자인가

예전에 아버지와 돈에 대한 이야기를 나눈 적이 있다.

"아버지, 그렇게 아끼고 열심히 저축하셨는데, 집은 왜 그렇게 늦게 사셨어요?"

"그때는 금리가 너무 높아서 빚을 내 집을 사는 게 부담스러웠어."

1950~1960년대 출생한 부모님 시대와 지금의 금융 환경은 엄청나게 다르다. 금융 환경이라 하면 환율, 유가, 금리 등 여러 가지 요소가 있을 것이다. 그중에서도 금리가 정말 많이 달라졌다. 고금리 시대에서 저금리 시대로의 대변환이 온 것이다. 몇 년 전에 드라마 〈응답하라 1988〉을 보다가 깜짝 놀란 기억이 있다. 금리가

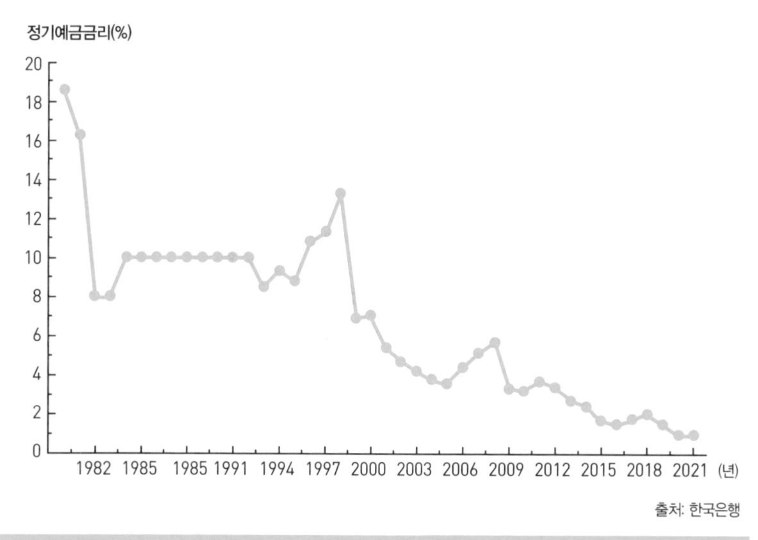

1980년대 이후 한국의 예금금리 변화

떨어져 은행에 돈을 맡겨봤자 이자를 10%밖에 주지 않는다는 내용이었다. 이자가 10%라니! 대체 과거에는 금리가 얼마나 높았던 것일까?

1980~1990년대에는 은행의 정기예금금리가 무려 10%에 육박했고, 기본 대출금리는 10%가 넘었다. '빚이 눈덩이처럼 불어난다'라고 이야기하는 것이 이해가 되는 수준이다. '복리의 마법'이라는 말을 들어본 적 있을 것이다. '72의 법칙'이라고도 하는데, 72를 연간 수익률로 나누면 원금이 2배가 되는 기간을 계산할 수 있다. 예를 들어 연 수익률이 6%라면 '72÷6=12'로, 12년이면 원금이 2배가 된다. 그런데 이는 수익뿐 아니라 빚, 대출이자에도 똑같이 적

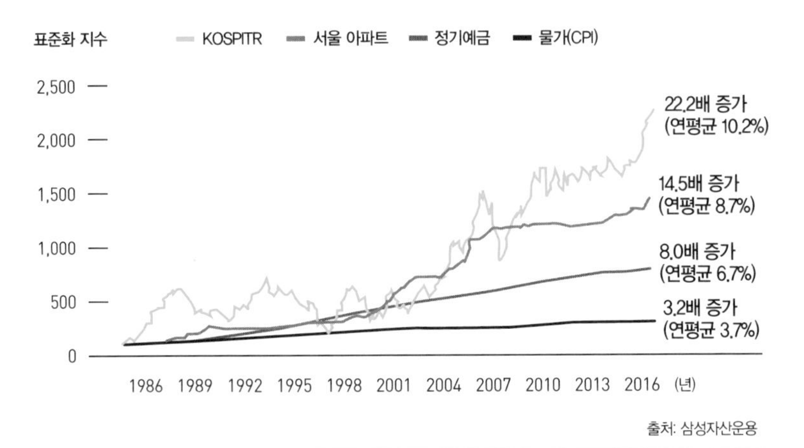

대표 자산군의 역대 수익률

용된다. 대출이자가 12%라면 그 빚은 무려 6년 만에 원금의 2배로 불어난다.

상황이 이러했기에 우리 부모님 세대는 빚을 내 투자하는 것이 매우 어려웠을 것이다. 대출이자의 부담을 상회하려면 연간 최소 15% 이상의 수익률을 내야 하는데, 이렇게 높은 수익률을 기대할 수 있는 건 사업밖에 없지 않았을까? 대표 자산군(예금, 주식, 부동산 등)의 역대 수익률을 비교해보면 알 수 있다.

위 그래프를 보면 주식과 부동산의 장기 평균 수익률은 6~10%였다. 그러나 예금과 달리 투자자산은 원금이 보장되지 않고 가격 하락의 위험이 있다(위험자산). 만약 예금금리와 주식 투자 수익률이 각각 6%로 같다면 어떨까? 굳이 주식에 투자해 위험을 감수할 필요가 없을 것이다. 원금이 보장되는 예금 대비 그 위험을 보상해줄 만큼의 기대수익률(예금수익+α)이 있어야 적극적으로 투자를 할 수 있다.

위험자산에 대해 공부해야 하는 이유

요즘 주택담보대출의 도움을 받지 않고 집을 사는 사람은 보기 드물다. 서울이나 수도권 지역은 3억 원 이상 대출을 받기도 한다. 대출금리를 10%로 산정하고 3억 원을 25년간 원리금 상환 조건으로 계산해보면 얼마가 나올까? 원금 3억 원에 대출이자 약 5억 1,000만 원, 총 8억 1,000만 원을 갚아야 한다. 월로 나누면 무려 270만 원 정도다. 상황이 이러하니 20~30년 전에는 근검절약해

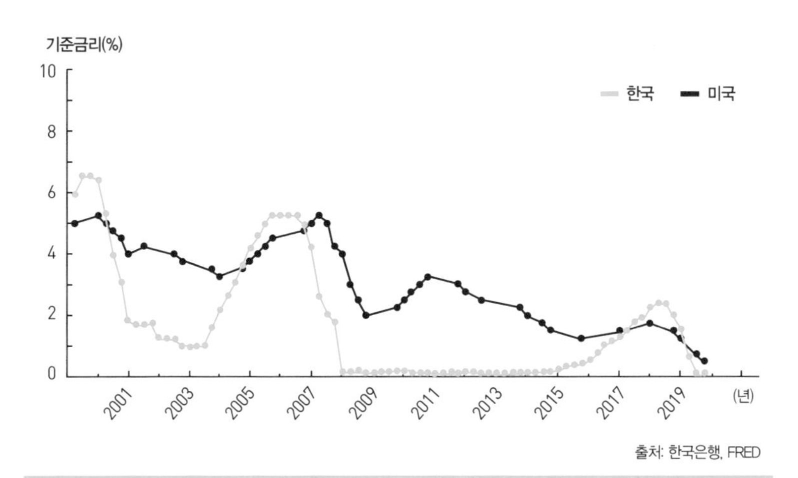

출처: 한국은행, FRED

2000년대 이후 한국과 미국의 기준금리 추이

남는 소득을 투자가 아닌 저축을 하는 게 일반적이었고, 실제로 금리 수준과 기대수익률을 봤을 때도 합리적인 선택이었다.

그런데 시대의 흐름과 함께 금리 수준이 크게 변했다. 2000년대 이후 이는 더 가파르게 움직였고, 현재는 제로(기준금리 0.5% 수준)에 가깝다. (코로나19에 의한 영향도 있다.)

앞서 언급했듯 지난 30년 이상의 기간을 보면, 위험자산 투자의 기대수익률은 연평균 6~10%였다. 그러나 예적금과 달리 원금 손실 위험이 있다. 달리 말하면, 이를 보상해줄 기대수익률('위험에 대한 프리미엄'이라 한다)이 필요하며, 상황에 따라 다르지만 보통 3~4% 수준으로 산정한다.

예금금리 + 프리미엄(3~4%) < 위험자산 투자의 기대수익률(6~10%)

예금금리에 프리미엄을 더한 값보다 위험자산 투자에 대한 기대수익률이 더 높다면 투자를 하는 것이 유리하다. 일반적으로 예금금리가 2~3% 이하 수준이라면 위험자산에 대한 투자 메리트가 있기 때문에 적극적으로 투자를 하는 것이 맞다. 하지만 반대로 예금금리가 6~7% 이상 수준이라면 위험자산에 대한 투자 메리트가 크게 감소한다. 이러한 상황에서는 숙련된 투자자를 제외하고는 수익률 측면에서 예금과 국채(국가에서 발행하는 채권) 등 안전자산에 투자하는 것이 더 바람직하다. 투자에 참여하더라도 금리와 자신의 투자 실력에 맞게 자산 포트폴리오를 조정할 필요가 있다.

흔히 금리를 중력에 비유한다. 자산 상승이라는 풍선에 매달리는 무게 추 같은 개념으로 이해할 수 있다. 금리가 낮으면 그만큼 예금과 국채의 수익률이 떨어지니 투자자산에 대한 선호가 커지고 자연스럽게 자산 가격이 상승한다. 반대로 금리가 높으면 투자자산의 기대수익률이 떨어지므로 위험자산에 대한 투자 회피현상이 강해지고, 그 결과 자산 가격 상승에 제동이 걸린다. 물론 저금리로 인한 인플레이션, 물가 상승 압력이 심해지면 기준금리를 다시 높일 수는 있지만 앞으로 기준금리가 예전처럼 두 자리 수준으로 올라갈 가능성은 거의 없다. (혹여 기준금리가 상승한다 해도 그에 맞춰 충분히 대응할 수 있다. 금리 인상은 하루, 이틀, 몇 개월이 아닌 몇 년에 걸쳐 이루어지기 때문이다.)

따라서 금리가 낮을 때는 용기를 내 투자자산으로 움직여야 하고, 금리가 높을 때는 보수적으로 움직이는 것이 수익 측면에서 합리적인 선택이다. 이렇게 금리, 기대수익률에 따라 자산을 옮기는 행동을 '투자의 포지셔닝', '자산배분 전략'이라 부른다. 지금과 같이 금리가 내려가고 저금리가 고착화된 환경에서는 현금을 쌓아두기보다 투자자산을 늘리는 포트폴리오를 구성해야 한다. 이것이 바로 우리가 투자, 특히 위험자산에 대해 공부해야 하는 이유다.

어디서부터 어떻게 공부해야 하는가

투자의 본질이 무엇인지, 투자를 왜 해야 하는지 이해했을 것이다. 그래서 투자 공부를 시작하기로 마음먹었는데 대체 뭐부터 해야 할까? 무엇을, 얼마나, 어떻게 해야 할지 막막할 것이다. 투자는 위험자산에 돈을 투입하는 행위다. 워런 버핏은 투자에 대해 이렇게 말했다.

"위험은 자신이 무엇을 하는지 모르는 데서 온다. 진짜 능력은 얼마나 많이 아느냐가 아니다. 자신이 아는 것과 모르는 것이 무엇인지 아는 것이다. 우리는 우리의 능력 범위를 알고 그 안에서만 움직인다."

그렇다면 우리가 가장 먼저 해야 할 일은 명확하다. 투자에 대해 내가 아는 것과 모르는 것부터 찾아보자.

투자에 대해 아는 것과 모르는 것 찾기

공부를 할 때에는 공부할 대상과 범위를 정하고, 그중 무엇을 알고 모르는지 명확하게 파악해야 제대로 된 계획을 세울 수 있다. 이 단계에서 실패 확률을 얼마나 줄일 수 있는지 결정된다고 해도 과언이 아니다.

우리가 꼭 알아야 할 투자 개념은 크게 경제 용어 부분과 투자자산군으로 나눌 수 있다. 먼저 경제 용어 부분에서는 금리, 신용, 환율, 경기 사이클 등에 대해 알아야 한다. 투자자산군에서는 대표적인 투자 방식인 직접 투자(주식 투자)와 간접 투자(펀드투자)의 개념, 투자방법론에 대해 알아야 한다. 또 아파트, 상가, 주택, 빌라 등 실물자산에 투자하는 부동산 투자와 국가에서 발행하는 채권(국채) 투자에 대해서도 최소한의 지식을 갖추어야 한다.

다음 페이지에 각 분야에 투자할 때 꼭 알아두어야 할 대표 키워드를 정리해보았다. 키워드를 체크하는 기준은 다음과 같다.

- ◯: 안다(다른 사람에게 설명할 수 있음).

대분류	중분류	키워드	○	△	×
경제 용어	금리	기준금리			
		고정금리			
		가산금리			
		명목금리			
		실질금리			
		장단기금리차			
	환율/통화	금본위제			
		기축통화			
		통화스와프			
		환율조작국			
		환헷지/환노출			
	경기	인플레이션			
		디플레이션			
		스태그플레이션			
		경기선행/동행지수			
		소비자물가지수			
	신용	국가신용등급			
		신용경색			
		흑자도산			
		외환보유고			
		워크아웃			
		뱅크런			
투자 자산군	주식	종합주가지수의 의미			
		PER, PBR, EPS, ROE, BPS, DPS			
		매출액/영업이익/순이익 구조			
		영업/투자/재무활동 현금흐름표			
		레버리지 상품/인버스상품			
		신용매수, 미수, 반대매매			
		선물, 옵션, 파생상품			
		기업공개제도(IPO)			
		상장폐지 요건			
		시가배당률, 배당락, 배당기산일			
		슬리피지			

대분류	중분류	키워드	○	△	×
투자 자산군	펀드	자산운용사/증권사 차이			
		ETF/ETN			
		인덱스펀드			
		펀드 운용보수			
		펀드 총비용			
		연금저축펀드 제도			
		퇴직연금펀드 제도(DB/DC)			
	채권	캐피탈게인capital gain			
		채권 가격과 금리 상관관계			
		국채			
		회사채			
		전환사채(BW/CW)			
		듀레이션			
		정크본드			
	부동산	등기부등본, 저당권, 근저당권			
		소유권이전등기			
		확정일자, 전입신고			
		인지세, 상속세, 증여세			
		종합부동산세, 농어촌특별세			
		양도소득세			
		계약 면적, 공급 면적			
		주택가격지수			
		전세가율			
		PIR			
		LTV, DTI, DSR			
		건폐율, 용적률			

투자 관련 키워드 정리

- △: 들어본 적 있다(들어본 적은 있으나 다른 사람에게 설명하긴 어려움).
- ×: 처음 들어본다(전혀 모름).

'안다'와 '들어본 적 있다'는 천지 차이다. 다른 사람에게 설명할 수 없으면 아는 것이 아니다. 얼마나 알고 있는지 위의 기준대로 다음 표(62쪽)에 체크해보자.

중분류인 금리, 환율, 경기, 신용 등의 용어는 신문이나 뉴스 등을 통해 접해봤을 것이다. 그런데 세부 키워드는 어떤가. 투자 공부를 처음 한다면 모르는 용어가 많은 것이 당연하다. 이 많은 키워드를 나열한 것은 '최소한 이 용어들은 알아야 투자할 수 있으니 지금 당장 공부하세요'라기보다는 '이런 용어를 모른 채 투자하면 위험할 수 있으니 용어부터 차근히 알아보며 공부를 시작하세요'라는 의미다.

처음 투자를 시작한다면 종잣돈을 모으며 하루에 한 개의 키워드를 알아간다는 생각으로 꾸준히 공부하자. 용어를 미리 공부해두면 향후 투자를 할 때 실력이 쑥쑥 향상되는 것을 느낄 수 있을 것이다. 투자 공부법에 정답은 없지만 나는 다음과 같은 순서로 진행했다.

1 | 나만의 자료 저장 공간 만들기

노트에 필기하거나 파일 등에 공부한 내용을 모으는 것도 좋지만 블로그나 온라인 카페 등 공부한 내용을 저장할 공간, 즉 나만의 플랫폼을 만드는 것을 추천한다.

공부할 키워드를 대분류, 중분류로 나눠 폴더를 만들고, 개별 정리 글 또는 스크랩 글을 모아보자. 처음에 이런 식으로 분류해놓으면 나중에 찾아보기 편하고, 분류하는 과정에서 '오늘은 이 부분을 명확하게 공부했구나!' 하고 다시 한 번 정리할 수 있다.

나는 투자 메이트와 함께 카페를 만든 뒤 카테고리를 분류해 각

대분류	중분류
투자 마인드	영상/강의 정리, 도서 리뷰
주식 투자 이론	영상/강의 정리, 도서 리뷰, 가치평가 이론, 트레이딩 이론
주식 투자 실전	산업 분석, 기업 분석, 투자 아이디어, 매매 일지/심리 기록, 투자 포트폴리오 기록
부동산 투자	영상/강의 정리, 도서 리뷰, 정책/세금/뉴스, 임장 기록
경제 시황	환율/금리/원자재 등 국제 동향, 국제 정책/이슈 정리

구체적인 분류 방법

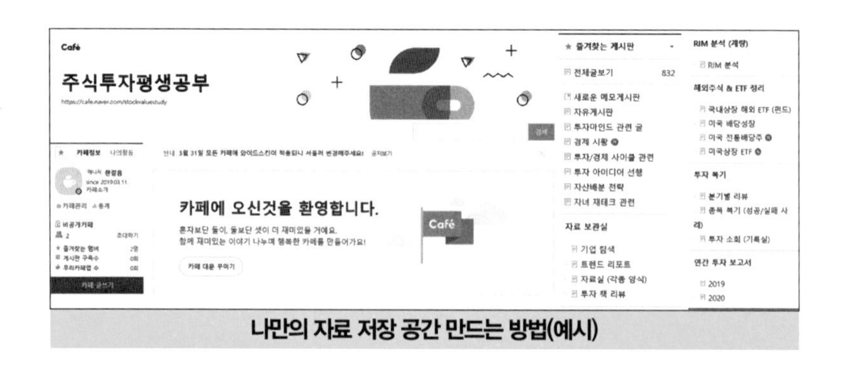

나만의 자료 저장 공간 만드는 방법(예시)

종 자료를 업로드하고 찾아보기 쉽게 관리하고 있다. 자신이 사용하기 편한 플랫폼을 선택해 나만의 투자 공간, 저장 공간을 만들어 볼 것을 강력하게 추천한다.

2 | 투자 공부 메이트 만들기

투자는 거의 평생에 걸쳐 진행된다. 혼자 공부하며 투자를 잘하는 사람도 있지만, 마라톤과 같은 장기 레이스를 연습할 때 페이스메이커가 필요하듯 긴 호흡이 필요한 영역은 공부 메이트와 함께 하는 것이 좋다. 스터디그룹을 만드는 것도 좋은 방법이지만, 가능하다면 오프라인에서 만날 수 있는 1명의 공부 메이트를 만들 것을 추천한다. 의지가 되기도 하고 자극이 되기도 한다. 무엇보다 서로에게 모르는 부분을 가르쳐준다는 생각으로 공부하면 더욱 효과적으로 공부할 수 있다.

나의 첫 공부 메이트는 고등학교 동창이었다. 그가 나를 투자 세계로 이끌어주었다. 고등학교 때부터 친한 친구였지만 대학 때까지는 둘 다 재테크에 무지한 상태였던지라 투자 관련 이야기는 전혀 하지 않았다. 그러다 친구는 먼저 취업을 해 직장생활을 시작했고, 나는 대학원에 진학해 전공 분야 공부를 하며 학생의 삶을 이어갔다. 그때까지도 재테크와 투자에 문외한이었다. 학업에 몰두하기에도 바쁘다는 핑계, 돈이 없다는 핑계를 대며 투자는 남의 일이라고만 생각했다. 그렇게 시간이 흘러 내가 직장생활을 시작하자 친구가 처음으로 투자에 관심을 가져보는 게 어떻겠느냐고 이야기를 꺼냈다. 그렇게 나는 32세가 되어서야, 어떻게 보면 조금 늦은 나이에 투자에 관심을 갖고 공부를 시작했다.

"늦었다고 생각할 때가 가장 늦었다. 그러니 더 열심히 하라"라는 연예인 박명수의 현실 명언대로 나는 더욱더 부지런히 움직였다. 당시엔 아이가 태어나기 전이라 주중이고 주말이고 할 것 없이 남는 시간에는 경제 공부를 하며 투자만 생각했다. 출퇴근 시간도 책을 읽거나 강의를 들으며 허투루 쓰지 않았다.

버핏의 곁에도 동업자이자 존경하는 친구 찰리 멍거Charlie Munger가 있었다. 그는 버크셔 해서웨이의 부회장이자 두 번째 대주주로, 40여 년간 버핏과 함께하며 뛰어난 투자 성과를 냈다. 이 둘의 관계처럼 훌륭한 투자자들에게는 훌륭한 단짝, 투자 메이트가 있다.

같은 목표를 꿈꾸는 공부 메이트를 찾아 함께 자료 저장 공간을 채워나가라. 스터디그룹 만들기 등은 그 이후에 자연스럽게 진행될 것이다.

3 | 내 생각을 덧붙여 양질의 자료 만들기

정리가 잘된 자료를 스크랩해두었다가 생각날 때마다 읽는 것도 공부가 되지만, 가장 좋은 것은 다른 사람에게 설명한다 생각하고 자료를 직접 작성해보는 것이다. 수험 공부를 할 때를 떠올려보자. 흔히 말하는 일타강사, 명강사들의 강의를 듣다 보면 '내가 다 아는 것 같은 느낌'이 들 때가 있다. 그런데 막상 문제를 풀어보면 결과는 처참하다. 안다고 생각했지만 제대로 몰랐던 것이다. 이는 강의를 이해한 것이라기보다는 강의 내용을 인지한 상태에 불과하기 때문이다. 강사가 설명하는 내용이 논리적이기 때문에 이해는 하지 못했어도 흐름대로 인지할 수 있었던 것이다('이해한 것이 아니라 내용을 따라갔다'라고 표현하는 게 맞겠다).

하지만 내가 그 내용을 누군가에게 가르친다고 생각하며 자료를 만들고 기록을 해보면 모르는 것이 무엇인지 명확하게 알게 된다. 누군가에게 금리를 가르치기 위해 공부한다고 생각해보자. "기준금리는 기준이 되는 금리, 변동금리는 이자율이 변하는 금리, 고정금리는 이자율이 고정된 금리다" 하고 설명을 끝내지 않을 것이다. 분명 설명을 듣는 사람이 "기준금리는 어떻게 정해지나요?", "변동금리와 고정금리의 장단점은 무엇인가요?" 등 다양한 질문을 할 것이기 때문이다. 가르치러 갔는데 이런 질문들에 대답하지 못하면 얼마나 당황스러울까? 혼자 공부할 때와 다른 사람을 가르치기 위해 공부할 때의 가장 큰 차이점은 '예상 질문에 대한 답을 준비하며 공부하는 것'이다.

'기준금리는 누가 정할까?', '기준금리는 역사적으로 어떻게 변했을까?', '기준금리가 오르고 내리는 데 영향을 주는 요소는 무엇일까?', '기준금리가 오르면 자산의 가격은 어떻게 변할까?', '기준금리가 내려가면 투자자들은 어떻게 대응해야 할까?' 등과 같은 질문을 스스로에게 던지며 공부하면 큰 도움이 된다.

조금 더 의욕과 욕심이 있다면 공부 내용을 잘 기록해둘 것을 추천한다. 이후에 나만의 책, 강의 등 하나의 자산을 만들 수도 있기 때문이다. 처음 공부할 때부터 '강의 내용'을 만든다는 생각으로 차근히 공부해나가기 바란다.

개인적으로 투자 공부를 할 때 도움이 됐던 유튜브 채널 몇 개를 소개한다. 강의나 책처럼 A부터 Z까지 체계적으로 다 배울 수는 없지만, 필요한 부분을 찾아 활용하면 많은 도움이 될 것이다.

분류	채널명	특징
재테크 전반	신사임당	주식, 부동산, 사업 등 다양한 분야의 재테크에 대한 콘텐츠
주식 투자	삼프로TV_경제의 신과 함께	기업 및 산업 분석에 대한 콘텐츠
	김작가TV	국내 주식투자에 대한 전반적인 콘텐츠
	와이스트릿 Ystreet	가치투자에 대한 콘텐츠
	성공투자로 이끄는 계단 STEPS	채권, 금리 등 거시경제에 대한 설명 콘텐츠
	소수몽키	해외 주식투자에 대한 콘텐츠
부동산	부동산 읽어주는 남자	부동산 기초와 자본주의 마인드셋 관련 콘텐츠
	월급쟁이 부자들TV	실제 부동산을 공부하고 거래하는 방법과 구독자 사연 상담 등의 실용적 콘텐츠
	모두의 부동산	부동산 관련 정부 정책 및 제도에 대한 쉽고 효율적인 설명을 해주는 콘텐츠

STEP 2

점검

자신의 위치를 파악하고 방향을 명확히 하자

부와 가난을 편하다, 불편하다의 관점으로

우리나라 사람들은 누구보다 돈을 좋아하면서도 돈에 대해 이야기하는 것은 꺼리는 경향이 있다. 게다가 은연중에 부는 악惡한 것, 가난은 선善한 것으로 받아들이기도 한다. 일부 사람은 부자를 깎아내리는 데 열을 올린다. "분명 부정한 방법으로 돈을 벌었을 거야", "땅 투기를 해서 졸부가 됐을 거야", "저 기업은 하청업체의 피를 빨아먹고 컸어"와 같은 말을 하면서 말이다.

그런데 부와 가난을 선과 악의 개념이 아닌, 편리하다와 불편하다의 관점으로 보면 어떨까? 무엇이 좋다 나쁘다, 선하다 악하다의 개념은 논란의 소지가 있을 수 있지만 돈이 있으면 편리하고 돈이 부족하면 불편하다는 말에는 크게 반발하지 않을 것이다. 돈이 행복을 보장해주는 것은 아니지만 불행을 막아주는 데에는 효과적이기 때문이다.

주위를 둘러보면 평범한 가정이 안고 있는 대부분의 고민은 돈의 부족에서 비롯된 경우가 많다. 쓸 수 있는 돈은 한정적인데 써야 할 곳은 많으니 고민이 쌓이는 것은 어찌 보면 당연한 일이다. 나는 어릴 때 돈 문제로 부모님이 다투는 모습을 자주 보며 자랐기에 돈 문제로 가족이 싸우는 것이 얼마나 비참한 일인지 잘 알고 있다. 자식이 조금이라도 좋은 환경에서 자라길 바라는 마음이 가득한데 상황이 변변치 않으니 얼마나 속이 상하셨을까. 가족 중 누군가가 큰 사고를 당하거나 병에 걸려 큰돈이 필요해지면 가정의 평화가 무너져 내리는 경우도 종종 벌어진다.

반면, 경제적 여유가 주는 긍정적 효과는 소비 태도로 나타나기도 한다. 충분한 부를 일군 사람들은 이렇게 말한다.

"예전에는 물건을 살 때 가격을 제일 먼저 고려했는데, 지금은 '그 물건이 정말 필요한가'를 먼저 생각해요."

여유가 없을 때는 '탕진잼(작은 소비를 통한 재미)'이라는 표현처럼 충동적인 소비를 통해 만족을 얻지만, 부가 쌓이면 오히려 쓸데없는 지출을 줄이고 합리적인 소비를 하는 역설적인 결과가 발생한다. 참으로 흥미롭지 않은가.

그런데 이런 이야기를 하면 "그렇게 돈만 밝히면서 살면 됩니까? 돈이 인생의 전부입니까?"라고 반박하는 사람도 있다. 나는 돈을 밝히는 사람이 아닌, 돈에 밝은 사람이 되고 싶을 뿐이다. '돈을 밝히는 것'과 '돈에 밝은 것'은 완전히 다른 이야기다. 돈만 밝히며 돈만 전부인 삶을 살면 불행해질 수도 있다. 그러나 돈에 밝은 사람이 되면 여유롭고 풍족한 삶을 살 수 있다.

당신이 재테크를 시작한 이유는 혹은 재테크를 시작하려는 이유는 무엇인가. 저축만으로 돈을 모으는 것이 힘든 세상임을 깨닫고 투자를 통해 어느 정도 여유롭고 행복한 삶을 살기 위함이 아닌가? 지금부터 자신이 꿈꾸는 삶을 그려보고, 그 길을 앞서간 사람들에 대해 알아보자. 목표를 이루기 위한 구체적이고 세부적인 방법을 들여다보자.

꿈꾸는 삶을 위해서는 얼마가 필요한가

사람들이 꿈꾸는 삶은 저마다 다르다. 돈, 명예, 권력 등 인생의 1순위도 각기 다르다. 그러니 모든 사람에게 '부자=성공한 삶'이란 등식은 성립하지 않는다. 성공, 나아가 행복의 기준은 물질적인 것으로만 이루어지지 않기 때문이다. 하지만 자본주의, 돈의 기준으로 본다면 어떨까? 자본주의적인 시각으로 본다면 부자는 자본을 충분히 구축한 사람이다. 그런데 자본을 '충분히' 구축했다는 말은 대체 얼마를 갖고 있다는 뜻일까? 얼마가 있어야 충분한 것일까?

우리가 재테크를 시작하기 전에 가장 먼저 해야 할 일은 스스로가 생각하는 목표금액을 제대로 설정하는 것이다. 그런데 최소 얼마가 있어야 괜찮은 삶을 살 수 있을지 전혀 감이 오지 않는다. 언론에서는 몇 십억이라고 하는데 정말 그 정도가 필요한지, 나는 정말 그런 삶을 원하는지, 그럴 만한 능력을 갖고 있는지 의구심이 든 시절이 있었다. 이에 대한 나만의 해답을 얻기 위해 이런저런 정보를 끌어모으며 부자에 대한 공부를 시작했다.

부자의 기준은 무엇인가

1 | 자산 측면에서의 기준

매년 KB금융그룹에서 발간하는 '한국 부자 보고서'를 보면 기본적으로 금융자산(실거주를 제외한 부동산, 주식, 채권, 예적금 등) 10억 원 이상을 보유한 사람을 부자로 분류한다. 한국에서 10억 원 이상의 금융자산을 가진 부자는 2019년 말 기준 35만 4,000명으로, 상위 0.7%에 해당하는 수치다. 좀 더 세분화해서는 10억 원~100억 원을 가진 사람은 자산가, 100억 원~300억 원을 가진 사람은 고자산가, 300억 원 이상을 가진 사람은 초고자산가로 분류했다.

'10억 원 모으기'가 엄청난 열풍을 일으킨 적이 있다. '10년 안에 10억 원 모으기, 텐인텐'이라는 커뮤니티도 대단한 인기를 끌었다. 영어 단어 'million(100만 달러)'이 약 10억 원이며, 〈밀리언달러 베이비〉 같은 영화도 있을 정도로 100만 달러가 갖는 의미는 결코 적지 않다. 그런데 2020년 기준 서울 중위 아파트 가격이 10억 원을 향해 가는 현 상황에서 '10억 원이 부자의 기준이 될 수 있을까?'라는 생각이 들 수도 있다. 여기서 중요한 것은 '실거주를 제외한' 부동산, 주식, 채권, 예적금 등의 금융자산이 10억 원 이상이라는 점이다. 전체 자산 10억 원을 이야기하는 것이 아니다. 실제 거주하고 있는 집이 10억 원인 것과 언제든 사업 및 투자에 활용할 수 있는 금융자산이 10억 원인 것은 매우 큰 차이이다.

이러한 기본 내용을 참조하면 부자가 되는 최소 목표를 '실거주 주택 한 채+금융자산 10억 원'으로 잡을 수도 있다.

2 | 삶의 질 측면에서의 기준

《부의 추월차선》, 《돈의 속성》, 《진짜 부자 가짜 부자》 등과 같은 책을 보면 '부자'의 의미가 KB금융그룹의 보고서와는 조금 다르다. 이들 책에서 말하는 부자는 '근로 노동으로부터의 자유를 가진 사람'이다. 근로소득이 월 1,000~2000만 원인 사람보다 일하지 않고 시스템 소득(자본소득)으로 월 500만 원을 버는 사람이 진짜 부자라는 의미다.

사람은 행복을 추구하게 되어 있고, 그 행복을 위해서는 세 가지 자유(관계의 자유, 건강의 자유, 시간의 자유)가 필요하다. 자본소득이 충분한 사람은 만나기 싫은 사람과 만나지 않을 자유(관계의 자유), 몸과 마음이 힘든 일을 하지 않을 자유(건강의 자유), 정해진 시간에 일하지 않을 자유(시간의 자유)를 얻을 수 있다.

《돈의 속성》을 보면 부자의 기준을 '융자 없는 본인 소유의 집', '월 550만 원 이상의 비근로소득', '돈을 더 이상 벌지 않아도 되는 욕망억제능력 소유자'로 정리했다. 인상 깊었던 책 속 문장을 소개한다.

'500억 원이 있어도 1,000억 원이 있는 사람 앞에 서면 초라함을 느끼는 사람은 부자가 아니다. 일정 수준을 넘어서면 스스로의 삶과 철학에 자부심을 가져야 한다. 부자란 금액만으로 산정하는 것이 아니라, 더 이상 돈을 벌 필요가 없어진 사람이다.'

이렇게 부자의 기준을 공부하자 내가 원하는 삶과 목표가 뚜렷해지기 시작했다. 평범한 가정에서 나고 자란 사람이 수십억 원대 고가 아파트에 살고, 금융자산 300억 원 이상을 가진 초고자산가를 목표로 하는 것은 현실적으로 어렵다. 하지만 '가족이 행복하게 살 수 있는 실거주 주택 한 채와 어느 정도의 생활비+α' 수준이라면 노력으로 충분히 이룰 수 있을 것이란 생각이 들었다. 그 이상의 돈은 목표를 이룬 뒤 능력과 욕망 수준에 따라 더 나아갈지, 멈출지 그때 가서 고민하자는 결론을 내렸다. 이렇게 '현실적인' 나의 첫 번째 목표가 정해졌다.

현실적인 나의 첫 번째 목표

- 실거주 주택 한 채: 24~32평 아파트(아이 키우기에 편리한 곳, 아내 직장과 가까

운 곳, 학군이 나쁘지 않은 곳)

- 최소 생활비: 월 300만 원을 만들어낼 수 있는 금융자산

부자들은 어떻게 부를 이루었는가

목표를 정했다면 그 다음에는 어떻게 목표를 달성할지 고민해야 한다. 부자들은 어떻게 부를 이루었을까? 불확실한 미래에 대한 답을 찾는 가장 좋은 방법은 과거로부터 배우는 것이다. 검증된 과거의 방법론과 흐름을 알아야 목표 달성을 위한 방법 설정이 가능할 것이다.

자본주의에서의 돈은 소비자로부터 생산자로 이동한다. 생각해보니 자본주의에서 부를 이룬 사람은 대부분 '생산자'였다. 물건과 가치를 만들어낼 수 있는 생산 수단이 있어야 큰돈을 벌 수 있기 때문이다. 예전에 공부했던 기억을 더듬어보자. 생산의 3요소는 노동, 자본, 토지다. 노동은 말 그대로 일하는 것이다. 어딘가에 고용되어 일하든 전문직으로 일하든 내가 직접 일해야 얻는 소득, 근로소득이 된다. 자본의 경우는 직접 사업을 한다면 사업소득이 발생하며, 자본을 활용하여 투자한다면 금융소득이 된다. 토지는 현재의 부동산 투자라 이해할 수 있겠다.

자, 다음 도표를 보자. 부자들이 현재 자산을 축적하는 데 기여

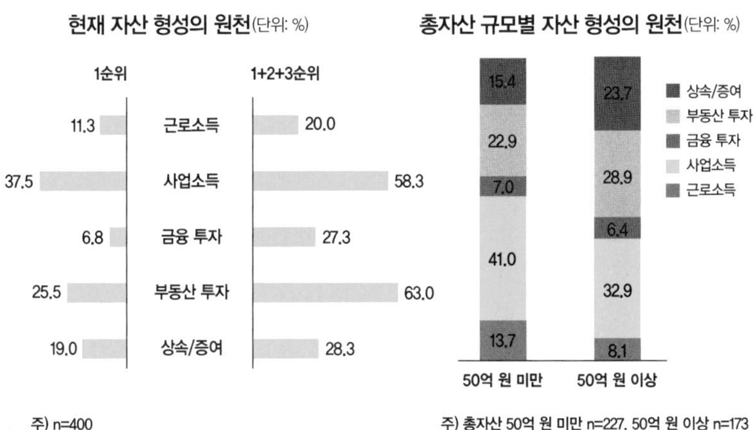

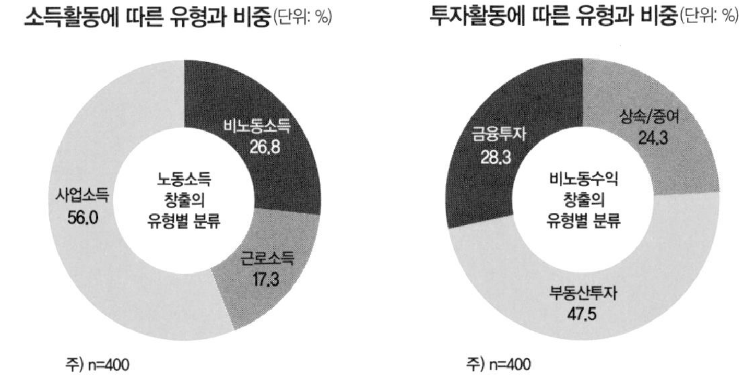

출처: KB금융그룹 〈한국부자보고서〉

부자들의 자산 형성 원천

한 가장 주된 방법(1순위)을 살펴보면 사업소득이 가장 많고, 부동산 투자가 뒤를 잇는다. 근로소득, 금융 투자, 상속/증여에 의한 자산 증대는 앞의 두 요인에 비해 상대적으로 기여도가 낮다.

추가로 자산 형성에 기여한 1, 2, 3순위 원천을 모두 고려한 결과를 살펴보면 부동산 투자와 사업소득뿐만 아니라 금융 투자 비중도 높아짐을 통계적으로도 확인할 수 있다. 이는 부자들의 자산 형성의 원천이 한 가지가 아니라 여러 가지(다양한 소득원+투자)가 섞인 결과라는 것이다.

또한 노동소득을 어떻게 활용했는지 살펴보면 근로소득형보다는 사업소득형 비중이 크고, 비노동소득(자본소득)의 경우도 부동산과 금융 투자가 높은 비중을 차지함을 확인할 수 있다.

물론 초기에 자본을 모으는 데는 근로소득의 비중이 크고, 근로소득은 소득원으로서 언제나 중요하다. 그러나 근로소득만으로 부를 이루는 경우는 극히 드물다. 즉 사업이든 투자든 결국은 생산수단과 자본을 활용해 부를 이루었다는 뜻이다. 부자가 되고 싶다면 이와 같은 방법으로 부를 만들기 위해 공부하고 실천해야 한다는 것이 과거로부터의 가르침이다.

자본소득이 스스로 일하는 공장이라면, 근로소득은 공장을 돌리는 연료다. 결국 근로소득 향상은 부를 이루기 위한 최종 목표가 아니라, 자본소득을 만들어내고 그것을 더 크고 빠르게 굴리기 위한 과정과 수단이라는 점을 명확하게 인식해야 한다. 이런 마인드를 갖춘 상태에서 부를 이루기 위한 투자 공부와 실천을 하는 것이 중요하다. 또 한 가지, 우리는 지금 먹고살기 위해 일하는 것이 아니라 더 큰 자본소득을 위해 일하고 있다는 사실을 명심하자.

우리 집 가계부,
재무 상태 점검

길을 찾을 때 가장 먼저 하는 일은 내 위치(출발지)를 파악하는 것이다. 그래야 상황에 맞는 이동 수단을 선택할 수 있고, 여러 경로 중 최적의 경로를 찾아 길을 떠날 수 있다. 자본주의에서 부를 달성하는 방법도 마찬가지다.

부를 얻기 위한 재테크의 길은 멀고도 험한데, 방향을 잘 잡기 위해서는 가장 먼저 내 위치를 파악해야 한다. 그런데 자신의 위치를 제대로 알고 있는 사람이 많지 않다. 한 번도 생각해본 적 없어 어디에서부터 어떻게 해야 할지 몰라 그럴 수도 있고, 냉정한 현실을 마주하는 것이 두려워서 그럴 수도 있다.

성격, 자질 등 정성적인 평가는 사람마다 기준과 잣대가 다를 수 있지만 자본주의는 감정이 없으니 잣대가 명확하다. 돈은 정량적으로 평가하고 명확하게 객관화할 수 있다는 의미다. 내 자산, 자본, 부채 등 숫자로 입력되는 것들을 있는 그대로 마주하는 작업을 하면 내 위치를 분명히 알 수 있다.

경제적 측면에서 자신의 위치를 점검하기 위해 현재 가지고 있는 것들을 정리해보자. 머릿속으로 대략 알고 있는 것과 눈으로 보이게 실제로 적어보는 것은 상당히 다르다. 다양한 자산 관리 애플리케이션(뱅크샐러드 등)을 활용하는 것도 좋지만 손으로 적거나 컴퓨터로 한 줄 한 줄 입력하는 것을 추천한다. 직접 적어보면 느껴지는 바가 확실히 다르다. 엑셀 파일에 작성하고 싶다면 다음 양식을 다운받아 활용하기 바란다.

▶ 양식 다운

자산의 기본 공식은 '자기자본(내 돈)+부채(타인자본, 빚)'다. 자산에서 부채를 빼면 순자산(자기자본)이 된다. 일단 자신의 보유 자산과 부채를 적어보면 순자산을 계산할 수 있다. 다음 표(85쪽)를 보면 자산과 부채가 '유동'과 '비유동'으로 구분되어 있는 것을 확인할 수 있다. 회계적으로 '유동'은 1년 이내에 변동 가능한 것', '비유동'은 1년 이상 장기로 유지되는 것을 말하는데, 가계부에 적용할 때

자산 대분류	자산 소분류	금액	비고	부채 대분류	부채 소분류	금액	비고
비유동 자산	부동산		주택(실거주)	비유동 부채	부동산		대출금
	부동산		투자 목적		차량 할부금		할부 잔금
	주택청약						
	노후자금		연금저축펀드/IRP				
	노후자금		비과세 장기저축/보험				
	노후자금		기타 장기 투자 상품				
유동 자산	주식 투자		국내(평가금)	유동 부채	신용대출		
	주식 투자		해외(평가금)		마이너스통장		
	차량		연식/km 수		카드대금		일시불
					카드대금		할부
	예금		예금 만기(2022)				
	적금		적금 만기(2021)				
	비상금		생활비 예비비				
	자산 합계	₩ -		**부채 합계**		₩ -	
	자본 합계	₩ -					

가계부의 확장 – 자산과 부채, 자본 정리

는 단순화해서 표기하는 것이 좋다.

나는 유동은 1개월 이내에 현금으로 만들 수 있는 자산, 비유동은 현금화하는 데 1개월 이상 시간이 필요한 자산이라고 나름의 규칙을 정했다. 처음이라 용어가 낯설 수 있지만, 막상 작성해보면 그리 어렵지 않을 것이다.

30대 A씨의 재무상태표

직장생활 3~4년차 사회 초년생의 재무상태표는 어떨까? 물론 상황에 따라 다르겠지만, 허리띠를 졸라매 1억 원 정도 모았다고 가정해보자. 일반적으로 이 시기에 자기 보유 주택이 있는 경우는 드물기에 대부분의 자산은 예금, 적금, 청약저축, 전세/월세보증금 외 일부 투자금과 자동차 정도일 것이다. 예금, 적금, 청약저축 등은 부채가 없으므로 '자산=순자산=자본'으로 바로 연결된다. 부채가 포함되어 있는 항목은 전세/월세보증금 대출과 자동차 할부금 정도일 것이다. 각각의 항목을 표로 정리하면 아래와 같다.

이와 같이 표로 정리하면 총자산은 1억 원, 총부채는 3,000만 원이니 순자산은 7,000만 원이라는 것을 한눈에 알 수 있다. 이렇게 현재 내가 가지고 있는 돈, 흩어져 있는 돈을 모아놓고 그 규모와 활용 범위를 파악해야 향후 투자 계획을 정확하게 세울 수 있다.

자산	금액	부채	금액
예금	500만 원		
적금	1,500만 원		
전세보증금	5,000만 원	전세대출	2,000만 원
투자금	1,000만 원		
자동차	2,000만 원	할부 잔금	1,000만 원
총자산	**1억 원**	**총부채**	**3,000만 원**
순자산	**7,000만 원**		

A씨의 재무상태표

미래에 나는 얼마나 벌 수 있을까

현재에 대한 점검을 마쳤다면 이제 미래를 예측해볼 차례다. 미래의 예상 소득, 자산을 정리해보자. 아무런 투자도 하지 않고 저축만 한다고 가정하면 기본적으로 벌어들일 근로소득의 총액을 예상할 수 있다.

2021년 기준 연 근로소득이 3,000만 원~6,000만 원이라고 가정했을 때 약 30년 동안 한 푼도 쓰지 않고 모은다면 총액은 14억 3,000만 원~28억 5,000만 원(세전)이 된다. 자녀가 없는 경우 아끼고 모은다면 70% 저축이 가능할 것이고, 보통은 소득의 50% 정도 저축할 것이다. (물론 여기에 집값은 포함되어 있지 않다.)

자녀가 2~3명 정도 되고, 외벌이 가정이라면 얼마나 모을 수 있을까? 검소하게 생활한다면 급여의 약 20% 정도 저축이 가능할 것이다. 현재 연소득이 6,000만 원 정도인데 30년간 모은다면 5억 7,000만 원 정도될 것이다. 지금으로부터 약 30년 전인 1990년과 현재 돈의 가치를 떠올리며 생각해보자. 30년 뒤 5억 7,000만 원은 얼마만큼의 가치가 있을까? 노후를 위해 충분할까?

지금으로부터 30여 년 전, 수도권 1기 신도시(성남시 분당, 고양시 일산, 부천시 중동, 안양시 평촌, 군포시 산본)의 평균 아파트 가격은 평당(3.3m²) 180만 원 정도, 32평 기준으로 약 5,800만 원이었다. 그런데 현재는 어떤가. 지역마다 차이가 있긴 하지만 최소 10~20배

연도	연 근로소득			
2021년	3,000만 원	4,000만 원	5,000만 원	6,000만 원
2030년	3,914만 원	5,219만 원	6,524만 원	7,829만 원
2040년	5,261만 원	7,014만 원	8,768만 원	1억 521만 원
2050년	7,070만 원	9,426만 원	1억 1,783만 원	1억 4,139만 원
누적 합계	**14억 3,000만 원**	**19억 원**	**23억 8,000만 원**	**28억 5,000만 원**
20% 저축	2억 8,000만 원	3억 8,000만 원	4억 7,000만 원	5억 7,000만 원
50% 저축	7억 1,000만 원	9억 5,000만 원	11억 9,000만 원	14억 3,000만 원
60% 저축	8억 6,000만 원	11억 4,000만 원	14억 2,000만 원	17억 1,000만 원
70% 저축	10억 원	13억 3,000만 원	16억 6,000만 원	20억 원

근로소득 총액(연간 연봉 상승률 3% 가정)

이상 올랐다.

아파트값이 이렇게 오르는 동안 가계 소득은 어떻게 변했을까? 1990년대에 90만 원대였던 가계 평균 소득은 2020년대에 500만 원대로 늘었다. 근로소득이 5배 정도 늘긴 했지만 자산의 증가 속도는 따라가지 못했다. 상황이 이러한데 아무런 투자도 하지 않고 30년 동안 모은 돈에서 집값을 뺀 금액으로 은퇴 후 20~30년 동안 생활비를 충당하는 것이 가능할까? 물론 다양한 변수(세계 경기, 금리, 인플레이션 등)가 추가로 고려되어야겠지만 숫자를 보면 투자 없이 근로소득만으로는 쉽지 않을 것이라는 결론이 나온다.

상속/증여 및 부모님 부양을 포함하는 예상 소득 또는 지출

몇 년 전부터 금수저, 흙수저 등 수저론 이야기가 사람들의 입에 자주 오르내렸다. 계층 사다리를 올라가는 것이 이전보다 더 어려워지면서 자산 유무에 따른 빈부 격차가 더욱 강하게 체감되기 때문이다. 수저 이야기의 옳고 그름을 논하는 것과 별개로 현재와 미래의 자산을 계산해본다는 관점에서 상속, 증여에 관한 이야기를 해보고자 한다.

나는 스스로 돈을 벌어 생활하는 나이가 되면 부모님과 돈에 대해 진지하게 대화해봐야 한다고 생각한다. 생애주기(결혼, 출산, 육아, 주택 구매, 은퇴 후 노후자금 등)에 따라 목돈 또는 지속적인 돈의 유출입이 발생하기 때문이다. 향후 지출에 대한 계획을 세울 때 본인과 배우자, 자녀에 대한 지출뿐 아니라 부모님 부양에 대한 경제적 지원 여부와 금액 수준을 파악하고 있어야 한다. 부모님의 노후 준비가 잘되어 있다면 다행이고 감사한 일이지만, 그렇지 않다면 부모님께 꾸준히 지원을 해야 하는 상황이 발생할 수도 있다. 일례로, 나의 지인은 결혼 후 본가와 처가에 생활비를 매달 70만 원씩 지원한다. 아내와 맞벌이를 하고 있어 가능한 일이긴 하지만 본인 자녀를 키우면서 매달 140만 원씩 따로 지출하는 것은 절대 쉬운 일이 아니다. 그래서 그만큼 내 집 마련이 늦어지고 투자에 열을 올리고 있는 실정이다.

만약 부모님이 물려주실 자산이 있다면 정말 감사한 일이다. 남들보다 조금 더 나은 상황에서 자산 관리를 시작할 수 있게 되었으니 말이다. 물론 물려받을 자산이 없다고 해서 슬퍼할 것까진 없다. 큰 규모의 유산 상속 및 증여가 있다면 좋겠지만 일반적인 가정에서는 거의 일어나지 않는 일이다.

다만, 향후 자산 계획을 수립하는 과정에서 이러한 부분에 대해 부모님과 현실적인 대화를 한 번쯤은 제대로 나눠볼 필요가 있다. 그래야 내 현재와 미래의 위치를 정확하게 알 수 있고, 그에 따라 전략을 세울 수 있기 때문이다. 이때 부모님께 여쭤봐야 할 핵심 질문은 다음과 같다.

1. **"혹시 노후 준비를 하셨어요?" 또는 "노후 준비가 앞으로 가능하실까요?"**

   : 개인연금, 국가연금 또는 보유 주택을 활용한 주택연금 활용 가능 여부

   → 스스로 해결 가능하신지, 자식이 부양해야 하는지

2. **1번이 해결되었다면 "결혼, 출산, 육아, 주택 구매 등에 얼마나 도움을 주실 수 있나요?"**

   : 결혼, 출산 시 금전적 도움 여부와 금액 크기

   : 출산하고 나서 회사 복직 후 아이를 돌봐주실 수 있는지 여부

   : 주택 구매 시 금전적 도움 여부와 금액 크기

이에 대해 지인들과 이야기하면 보통 이런 반응이 돌아온다.

"헉! 그런 이야기를 어떻게 부모님과 대놓고 해요?"

대부분의 한국 사람은 다른 사람과 돈 이야기를 쉽게 하지 못한다. 그런 문화에서 자랐기에 어찌 보면 당연한 결과다. 나도 마찬가지였다. 부모님과 돈 이야기를 하는 것이 죄송하기도 하고 껄끄럽기도 했다. 그러나 부모님의 노후와 지원에 대한 현실적인 돈 이야기는 절대 피해선 안 된다. 대학에 입학해 학비를 내고, 취업을 하고, 결혼을 하고, 아이를 낳고… 이 일련의 과정에서 돈 관련 이슈가 나올 수밖에 없다.

부모님께 금전적 도움을 받을 수 있는 상황이라면? 반대로 부모님께 도움을 드려야 하는 상황이라면? 상황에 따라 내가 모으고 굴릴 수 있는 돈의 범위와 기간이 달라진다. 따라서 현실을 먼저 파악한 뒤 재테크 계획을 세워야 한다. 우리는 앞으로 더 오래 살 것이고, 돈 없는 노후는 절대 행복할 리 없다는 사실을 늘 기억해야 한다.

종종 우리는 실제로 필요한 돈 이야기는 쉬쉬하면서 하지 말아야 할 돈 이야기는 거리낌 없이 한다. 여기서 말하는 필요한 돈 이야기는 '우리는 얼마를 벌고 있고, 어떻게 사용하고 있으며, 앞으로 어떤 식으로 생활해나갈 것이다'와 같은 내용들이다. 반대로 하지 말아야 할 돈 이야기는 '돈이 없다', '어디에 그렇게 많이 쓰냐', '애 학원비가 얼마인 줄이나 아냐', '쥐꼬리만 한 월급으로 뭘 어쩌라는 거야'와 같은 감정적인 것들이다.

대부분의 사람은 후자의 이야기만을 '돈 이야기'라고 여긴다. 그래서 '돈 이야기=싸움거리'라고 생각해 그냥 덮어두려고만 하는 것이다. 이런 이야기는 감정만 상할 뿐 해결책을 제시해주지 못해 사실 안 하느니만 못하다.

돈 문제가 발생했을 때 큰 고민 없이 자연스럽게 해결된 경우가 몇 번이나 있었는가? 결혼을 앞두고 있다면 나와 배우자가 그동안 모은 돈이 얼마인지 진솔하게 이야기해야 준비 과정에서 좀 더 현실적으로 세상을 보고 나름의 해결책을 마련할 수 있다. 육아와 부모님의 노후 준비 등도 마찬가지다. 삶의 위기는 내가 모르고 있거나 간과했던 것에서 발생하는 경우가 많다. 큰돈 나갈 일이 있더라도 미리 예상할 수 있다면 대응책을 마련할 수 있다.

보통 미래 자산은 '현재 자산+미래 근로소득 합계+상속/증여자산-부모님 부양비용 합계'로 구성된다. 다음 표를 보자.

	현재 자산	미래 근로소득 합계	상속/증여자산	부양비용 합계	미래 자산
A	5,000만 원	7억 원	0원	2억 원	5억 5,000만 원
B	5,000만 원	7억 원	2억 원	0원	9억 5,000만 원
C	1억 원	10억 원	0원	0원	11억 원
D	1억 원	10억 원	4억 원	0원	15억 원

현재 자산과 미래 자산의 다양한 사례

A와 B는 현재 자산과 미래 근로소득 합계가 같다. 그런데 미래 자산은 어떤가. 상속 및 증여로 부모님의 도움을 받을 수 있는 B의 미래 자산이 월등히 크다. C처럼 부모님께 물려받을 것은 없지만 따로 부양비용이 들지 않는 경우도 있을 것이고, D처럼 감사하게도 물려받을 자산이 많이 있는 경우도 있을 것이다. 이 중 현재 자산과 상속/증여자산. 부양비용 합계는 내가 바꿀 수 없는 부분이지만, 미래 근로소득 합계는 노력을 통해 얼마든지 바꿀 수 있다. 과거에 얽매여 원망하고 후회하기보다는 바꿀 수 있는 미래에 집중하는 것이 올바른 삶의 목표와 방향성이 아닐까?

나는 앞의 A, B, C 중에서 C에 가까운 편이었다. 결혼을 준비할 당시 자산은 4,000만 원 정도에 불과했다. 다행히 학자금 대출 등의 빚은 없었다. 부모님께 크게 물려받을 자산은 없었지만 마찬가지로 부모님을 부양해야 할 비용도 크게 없었다. 그래서 앞으로 모든 것은 내가 하기 나름이라고 생각하고 계획을 세워보았다. 아내가 결혼 전에 모아놓은 돈을 더해 아이 낳기 전까지의 3~4년간 맞벌이 소득의 70% 이상을 저축하고 투자하면 2억 원 정도의 자산을 만들 수 있을 것이라는 결론을 냈다.

물론 부부가 결혼 후에도 각자 돈을 관리하는 경우가 있는 데 그것도 상관없다. 핵심은 둘이 같이 아껴서 모아야 한다는 것이다. 또 투자를 잘 한다면 몇 년 후에 서울은 아니더라도 수도권 아파트 하나는 마련할 수 있겠다는 계산이 나왔다. 이때부터 본격적으로 공부를 시작하며 소액부터 시작하여 투자금을 늘려갔다.

다시 한 번 정리하면, 재테크의 시작은 나의 위치를 정확히 파악하는 것이다. 위치 파악은 활용할 수 있는 총자산의 범위를 알아보는 것에서부터 시작하며, 그래야 투자할 수 있는 금액을 제대로 알 수 있다. 직접 적으며 눈으로 확인하면 내 위치를 객관적·정량적으로 파악하고 체감할 수 있다. 그런 과정을 거치면 현실적으로 갈 수 있는 길을 그려나갈 수 있게 된다. 그러니 자신의 현재 자산 상태를 정확하게 파악하고 미래에 대한 로드맵을 그려보자.

최종 목적지와 세부 경로를 그려보자

우리가 꿈꾸는 최종 목적지, 최종 자산의 목표금액을 얼마로 잡아야 할까? 그리고 그 달성 기간은 몇 년으로 잡아야 할까? 생각보다 많은 사람이 "난 경제적 자유를 달성할 거야. 10억, 100억 부자가 될 거야" 또는 "주식 투자로 엄청난 수익을 낼 거야"라고 말한다. 포부가 큰 것은 좋지만 꿈이 꿈으로만 끝나지 않으려면 구체적인 방법론이 필요하다.

부의 달성을 위한 출발점(내 위치)을 파악했다면 최종 목적지(최종 목표 자산)를 설정한 뒤 자신만의 경로를 찾아보자. 즉 목표 자산에 맞는 투자 로드맵을 만들어보는 것이다. 목표는 막연한 꿈이 아닌 기술적 달성이기에 이 과정은 반드시 필요하다. 나는 재테크 목표를 시작하면서 다음과 같은 말들을 마음속에 자주 새겼다.

1. 기한 없는 목표는 총알 없는 총이다.

– 기한을 정하라. 미래를 위한 목표금액과 기한을 설정하라.

2. 내 주변 사람 5명이 나의 평균 수준이다.

– 늘 교류하는 준거집단을 꾸려라.

– 같은 목표를 갖고 있는 사람들과 교류하라.

3. 성공한 모습을 머릿속에 그리며 생활하라.

– 꿈꾸는 그 모습 자체가 동기부여가 된다.

– 3 Free(돈, 시간, 건강)를 달성한 미래를 상상하라.

4. 목표 달성을 위한 대가를 두려워하지 말라.

– 성공은 반드시 대가를 요구한다.

– 미래를 위해 현재의 희생이 필요하다.

이 말들이 내가 가야 할 길의 이정표가 되어 중간중간 흔들릴 때마다 나를 잡아주었다.

투자 로드맵 만들기

투자 로드맵을 위해서는 우선 구체적인 목표금액이 있어야 한다. 앞서 언급했듯 나는 '실거주 주택 한 채+월 300만 원을 만들어 낼 수 있는 금융자산'을 목표로 정했다. 그래야 퇴직 이후에도 추가적인 근로나 사업의 압박으로부터 해방된 자유로운 생활이 가능하다고 생각했기 때문이다. 사람마다 원하는 삶의 수준이 각기 다를 것이다. 자신이 원하는 기준을 정하고 알맞는 목표로 세우면 된다.

사실 '실거주 주택 한 채'라는 목표 기준도 사람마다 천차만별이다. 만약 강남 30평대 아파트가 최종 목표라면 그 비용이 약 30억 원 정도이니 목표 달성을 위한 노력과 자산을 키우기 위한 시간이 더 많이 필요할 것이다. 수도권이나 광역시의 30평대 아파트가 최종 목표라면 약 8~10억 원, 은퇴 이후 농촌 등 한적한 곳에서의 삶을 꿈꾼다면 훨씬 더 적은 금액이 필요할 수도 있다. 각자 마음속에 있는 집을 목표로 삼으면 된다.

나의 목표는 아이를 계획하는 시점에 그동안 모은 자산에 맞춰 실거주용 한 채를 구입하는 것이었다. 부부만 살 때는 집이 좁더라도 출퇴근과 주변 생활권이 좋은 곳에서 전월세로 살아도 괜찮지만 아무래도 아이가 생기면 공간도 더 필요하고, 육아에 도움을 줄 수 있는 사람이 사는 곳으로 이사를 가는 것이 좋겠다는 판단에서였다. 그래서 내 집 마련의 목표 시점을 그때로 설정했다.

실거주용 주택에 대한 목표가 정해졌다면 금융자산을 바탕으로 향후 근로소득을 대체할 자본소득을 고민해봐야 한다. 은퇴 후 생활비는 주택비용보다는 편차가 적은 편이다. 가족 구성원에 따라 조금씩 달라질 수 있겠지만 대략 200~500만 원 사이를 오가지 않을까? 당연히 월 필요 생활비가 200만 원인 사람과 500만 원인 사람의 최종 금융자산 목표금액은 다를 수밖에 없다. 월 필요 생활비를 정하고 그 비용을 만들기 위한 최종 목표 금융자산을 구체적으로 계산해보면 된다.

현재 30대 중반인 사람이 약 25년 뒤인 60세쯤에 은퇴한다고 가정해보자. 은퇴 이후에 필요한 한 달 최저 생계비용은 얼마일까? 통계청의 자료에 따르면, 2020년 기준 1인 가구는 약 105만 원, 2인 가구는 약 180만 원, 3인 가구는 약 232만 원, 4인 가구는 약 285만 원이라고 한다. 최저 생계비용은 말 그대로 기본적인 생활을 유지하기 위한 금액이다. 은퇴 이후에도 현재의 생활 수준을 유지하고 싶다면 현재 쓰고 있는 월 생활비를 기준으로 산정해보면 된다. 인플레이션을 고려하면 지금의 300만 원과 25년 뒤의 300만 원은 가치가 다르다. 미국 중앙은행의 물가상승률 목표인 연 1.75% 수준으로 25년 뒤 필요한 월 소득금액을 계산해보면 다음과 같다.

미래의 현금가치 = 현재 현금가치 × (1.0175)^(25)

물가상승률 연 1.75%, 25년 뒤 기준

- **월 200만 원 사용한다면 → 월 310만 원**
- **월 300만 원 사용한다면 → 월 469만 원**

- 월 400만 원 사용한다면 → 월 617만 원
- 월 500만 원 사용한다면 → 월 771만 원

은퇴 시점에 필요한 월 소득은 현재 월 소득금액의 최소 1.55배 정도라는 결과가 나온다(200×1.55=310). 물론 미래 상황에 따라 변화가 있을 수도 있지만 자본주의가 유지된다면 대략적으로는 이럴 것이다. 은퇴 시점에 이 정도의 월 소득을 만들어낼 수 있는 금융자산과 시스템이 갖춰져 있다면 얼마나 좋을까? 이 금액을 만들어내기 위해서는 어느 정도의 금융자산이 필요할까?

미국 금융시장에 '4% 규칙'이라는 것이 있다. 금융 투자를 통해 연간 4% 정도의 월 현금흐름을 만들어낼 수 있다는 말이다. 즉 내가 필요한 금액의 25배만큼의 금융자산이 있다면 원금을 사용하지 않고 배당소득만으로 평생 일하지 않고 살 수 있다는 의미다. 예를 들어 연 4,000만 원으로 생활한다면 현재가치로 약 10억 원의 금융자산이 있으면 된다. 4% 규칙을 적용해 앞서 이야기한 200~500만 원이라는 목표금액에 필요한 금융자산을 계산해보면 다음과 같다.(100쪽)

정리하면, 현재 월 200만 원의 생활비가 필요한 사람은 25년 뒤에 약 310만 원이 필요하고(현 200만 원의 가치는 25년 뒤 300만 원 정도의 가치와 동일), 은퇴할 때 금융자산으로 약 9억 3,000만 원이 있어야 한다. 이는 총자산이 아닌 금융자산이다. 즉 내 집 마련을 위

현재 월 생활비	미래의 월 생활비 (25년 뒤 동일한 현금가치)	미래의 월 생활비를 만들어내기 위해 필요한 금융자산
200만 원	약 310만 원	약 9억 3,000만 원
300만 원	약 469만 원	약 13억 9,000만 원
400만 원	약 617만 원	약 18억 5,000만 원
500만 원	약 771만 원	약 23억 2,000만 원

미래에 필요한 금융자산은?

한 금액을 제외하고 최소 생활비를 위한 금융자산이 2인 기준 최소 10억 원은 필요하다는 결론이 나온다.

물가상승률과 세금을 고려하면 조금 더 필요하겠지만, 이런 식으로 큰 틀에서 내게 필요한 은퇴금액을 산정할 수 있다. 막연하게 얼마가 필요할 것이라고 짐작하거나 미래의 나는 지금과는 다를 것이라고 상상하기보다는 구체적으로 하나하나 따져볼 필요가 있다.

그런데 이 금액을 근로소득과 저축만으로 모을 수 있을까? 앞서 나의 미래 예상 근로소득을 계산해본 것과 같이 이 금액은 반드시 투자를 병행해야만 목표 달성이 가능하다. 근로를 통해 얻을 수 있는 소득은 한정적이기 때문이다. 그런데 종잣돈이 5,000만 원인 사람과 5억 원인 사람, 목표 달성 기간이 10년인 사람과 25년인 사람은 자금 운용 방식과 기간이 같을 수 없다. 사실 일반적인 가정에서는 부모님의 도움을 받더라도 1~2억 원 미만인 경우가 많다. 이렇게 종잣돈이 많지 않은 상태에서 돈 걱정 없는 노후와 아이의 미래라는 목표를 달성하는 기간을 줄이려면 세 가지 선택지 중에서 몇 가지를 선택해야 한다.

1. 소득을 높인다(근로소득 외 사업소득 구상).
2. 소비를 줄인다(미래 소비 축소, 필요비용 감소).
3. 투자 운용수익률을 높인다(시장의 평균 수익보다 높은 초과수익 추구).

2번은 자신의 노력으로 100% 달성할 수 있다. 하지만 1번과 3번은 능력에 대한 자가 검증이 필요하다. 이에 대해서는 STEP 3와 STEP 4, 준비 및 실천 파트에서 상세하게 다룰 예정이다.

STEP 3

준비

의미 있는 종잣돈을 만들자

좋은 빚, 나쁜 빚,
이상한 빚

자본주의는 빚으로 이루어지고, 빚은 신용과 이자로 구성된다. 이 두 축을 통해 자본주의가 굴러간다. 그런데 대부분의 사람이 빚을 부정적으로 생각한다. 그 이유를 가만히 들여다보면 과거에는 금리가 높아(2020년 기준 대출금리는 2~4%지만, 2010년 이전 대출금리는 5~12%였다!) 원금 상환에 대한 부담이 컸기 때문인 듯하다. 빚 보증 잘못 서서 패가망신했다는 이야기도 종종 들려왔고 말이다. 평범한 가정에서는 '빚=부채=나쁜 것=최대한 빨리 갚아야 하는 것'으로 여겨졌고, 이러한 문화와 생각들이 은연중에 우리 머릿속에 고정관념으로 박혀 있는 것 같다.

하지만 이제 우리는 자본주의에 대한 이해를 바탕으로 사고를 전환해야 한다. '자본주의에서의 돈의 이동=빚의 이동'이라는 점을 이해했다면 앞으로는 '빚=타인자본'으로 생각해야 한다. 빚을 부채로만 본다면 갚아야 할 대상이지만, 타인자본으로 본다면 무조건 갚아야 하는 대상이라기보다는 그 자본을 잘 활용해 수익을 낼 수 있는 것leverage(레버리지 효과)으로 볼 수 있기 때문이다.

좋은 빚

빚은 좋은 빚, 나쁜 빚, 이상한 빚으로 구분해서 생각할 수 있다. 첫 번째로 알아볼 것은 '좋은 빚'이다. 좋은 빚의 조건은 두 가지로, 첫째는 돈을 만들어낼 수 있는 빚이어야 하고, 둘째는 이자율이 낮고 원금과 이자(원리금)를 갚아야 하는 만기가 길어야 한다. 돈을 만들어내는 빚이라니? 곰곰이 생각해보면 우리가 흔히 접하는 좋은 빚이 있다. 바로 집을 살 때 받는 주택담보대출로, 영어로는 모기지론mortgage loan이라 한다. 짧게는 5년, 길게는 30년으로 상환 기간이 길며, 대출 특성상 주택이라는 담보를 바탕으로 진행하기 때문에 다른 무담보대출(신용대출, 마이너스통장, 카드론 등)보다 금리가 저렴한 편이다.

부동산, 특히 입지가 좋은 아파트는 대표적인 실물자산으로, 장기적으로 발생하는 인플레이션 환경에서 화폐가치 하락을 방어하는 효과가 있다. 돈을 많이 찍어내고 유통량이 늘어날수록 화폐가치는 하락하지만, 반대로 자산 인플레이션은 더 강하게 일어난다. 갚아야 할 빚의 원금은 그대로인데 화폐가치가 하락해 자산의 평가금액(부동산 가치)이 상대적으로 그만큼 올라가는 것이다. 이러한 부동산 및 투자자산군의 빚은 빚을 매월 상환하는 것 자체가 저축효과와 투자자산의 상승효과를 동시에 기대할 수 있다는 점에서 대표적인 좋은 빚이다. 그야말로 '돈이 일하는 경우'인 것이다.

좋은 빚의 경우 스스로 매달 감당할 수 있는 원리금의 범위를 정하고, 그 범위 안에서 일정 부분 유지한다면 투자를 통한 자산 증식을 빠르게 하는 데 도움이 된다. 그런데 '감당할 수 있는 수준'이란 어느 정도일까? 나는 월 소득에서 월 지출을 뺀 잔여액의 50~70% 수준이면 괜찮다고 생각한다. 다음 예시를 보자.

직장생활 6~7년차 맞벌이 부부

- 월 소득(합산): 600만 원
- 월 지출: 300만 원
- 저축 가능 금액: 300만 원
- 원리금 상환: 150~210만 원까지 여력 있음
- 나머지 90~150만 원은 저축 또는 예비자금으로 활용
  (출산, 육아휴직 등 소득 공백 시기 대비자금 등으로 활용)

이 정도의 월 소득이라면 개인차가 있겠지만 매월 300만 원 정도 저축이 가능하다고 본다. 이 경우 원리금 상환액으로 150~210만 원 정도는 감당할 만한 빚 수준이다.

나쁜 빚

두 번째로 알아볼 것은 '나쁜 빚'이다. 나쁜 빚은 좋은 빚과 반대로 갚아야 할 원금의 가치는 그대로인데, 자산으로서의 효능이 아예 없거나 그 효능이 떨어지는 빚을 의미한다. 그야말로 소비를 위한 빚으로, 매달 갚는 카드대금 등이 이에 해당한다.

자동차 등은 소비성 자산이기에 할부 원금은 계속 갚아나가지만 그 대상의 가치는 오히려 떨어진다. 예를 들어, 할부 대출을 이용해 3,000만 원짜리 자동차를 구매하면 매달 3,000만 원에 대한 원금과 이자를 갚아나가지만 자동차의 가치와 가격은 시간이 지날수록 떨어진다(감가상각). 자동차는 시동만 한 번 걸어도, 타이어가 한 바퀴만 굴러가도 중고차로 분류되고 가격이 10% 정도 떨어진다고 말하지 않는가. 대부분의 소비성 물품을 구매했을 때 일어나는 현상이다.

투자자산으로서의 가치가 없는 소비성 물품을 사는 빚은 모두 나쁜 빚이 된다. 따라서 소비성 물품은 '선 소비 후 할부 상환'이 아닌 원금 전부를 모은 후에 구매하거나 목표 자산의 몇 퍼센트 이내로 구매 상한선을 정한다거나 하는 소비 기준을 세워 구매하는 것이 바람직하다.

뚜벅이 생활을 하는 후배가 있다. 그는 자동차의 경우 순자산의 3~5% 이내에서 구매한다는 목표를 가지고 있다. 사고 싶은 자동차가 3,000만 원이라면 순자산이 6억 원~10억 원일 때 사겠다는 것이다. 현재 자산 수준에 맞는 차, 중고차를 사는 것도 한 방법이다.

나는 '집을 제외한 물건은 할부로 사지 말자'라는 생각을 갖고 있다. 그 이유는 크게 두 가지다. 첫째는 이자가 붙기 때문이다. 스마트폰을 예로 들면 쉽게 이해할 수 있다. 고가의 스마트폰을 2년 약정 할부로 구매하는 사람이 많다. 그런데 이때 높은 할부이자율이 붙는다는 사실을 모르는 사람이 의외로 많다. 2021년 기준 국내 대표 통신사들의 스마트폰 2년 약정 할부이자율은 5.9%다. 현재 1년 예금금리는 1%대다. 이자를 0.1%라도 더 주는 예금 상품이 있으면 엄청난 사람이 몰리는 상황에서 5.9%는 대단히 높은 이자율이다. 신용점수가 높다면 대출이자율이 3% 내외가 나올 텐데, 차라리 할부보다는 개인 신용대출을 받아 구매하는 게 나을 정도다. 일시불로 공기계를 구매하고 월 사용료에 대한 2년 선택약정할인을 받는 것이 훨씬 더 합리적인 소비다.

둘째는 일반적으로 할부는 내가 할 수 있는 것보다 더 큰 소비, 즉 과소비를 유발하기 때문이다. 모은 돈의 규모로 소비 한도를 정하면 과소비할 일이 줄어든다. 그러나 할부, 특히 '무이자' 할부의 유혹은 내 소비능력에 대한 착시를 일으켜 나쁜 소비패턴을 갖게 할 수 있다. 예를 들어 통장에 100만 원이 있다면 일반적으로 소비 한도를 50~80만 원 수준으로 생각하고 그 범위 내에서 소비할 것이다. 그러나 할부가 가능하면 물건이 150만 원이라도 '6개월 무이자 할부로 구매하면 월 25만 원씩 갚으면 되니 괜찮아'라고 생각하기 쉽다. 사실 무이자 할부이기에 싸게 산 게 아니라 사면 안 될 물건을 산 것인데 말이다.

게다가 매월 할부금이라는 고정지출이 발생하므로 그만큼 저축하고 소비할 수 있는 여유금액도 줄어들게 된다. 그 결과, 또다시 할부 구매를 하게 되는 만성적인 나쁜 소비패턴에 빠질 가능성이 크다. 이런 나쁜 빚은 반드시 줄여야 한다. 그리고 나쁜 소비패턴은 반드시 바꿔야 한다. '선 저축 후 지출'을 대부분의 재테크 책에서 강조하는 데는 다 이유가 있다.

이상한 빚

마지막으로 알아볼 것은 '이상한 빚'이다. 이상한 빚은 빚을 내는 사람의 능력에 따라 좋은 빚이 될 수도 있고, 나쁜 빚이 될 수도 있는 빚을 의미한다. 대표적인 예로 전세대출과 주식 투자를 위한 빚이 있다. '주식 투자를 위한 빚(요즘 흔히 말하는 빚투)의 경우야 그렇다 쳐도, 전세대출이 왜 이상한 빚이야? 월세를 내는 것보다 전세대출을 받는 것이 돈이 덜 들어가는데, 그럼 좋은 빚 아닌가?' 하고 생각할 수도 있는데, 사실 상황에 따라 다르다.

앞서 좋은 빚은 '일하는 돈'이라고 이야기했다. 이런 관점에서 볼 때 기본적으로 전세대출은 일하는 돈이 아니다. 원금이 고정적이고 이자가 붙지도 않는, 즉 수익을 낼 가능성이 없는 빚이다. 그렇다면 전세대출을 좋은 빚으로 활용하는 경우는 없을까? 있다! 어차피 월세로 들어갈 집을 전세로 돌리는 경우와 전세가율이 낮을 때 전세로 살면서 주거비용을 줄이고 남은 돈을 투자 등에 활용하는 경우다. 그런데 전세와 월세의 장단점과 비용을 면밀하게 따져보지 않고 무작정 전세를 선택하는 사람이 많다. 전세금은 '나중에 돌려받는 돈', 월세는 '따박따박 나가는 돈'이라고 생각하기 때문일 것이다. 만약 전세와 월세의 월 비용을 따져보고자 한다면 다음과 같이 비교해봐야 한다.

먼저 월세로 들어갈 집을 전세로 돌려 비용을 줄일 수 있는 경우를 생각해보자. 보증금 1,000만 원, 월세 50만 원의 매물이 있다고 가정하면 1년에 필요한 월세 비용은 600만 원이다. 이를 전세로 돌린다면 전월세 전환율이 4%일 경우 1억 6,000만 원, 2.5%일 경우 2억 5,000만 원이 된다.

2021년 기준 전세대출금리가 약 3%이니 보증금 2억 1,000만 원

이하의 경우는 월세보다 전세로 입주하는 편이 유리하다. 최소한 이렇게 계산해보고 전세로 살 것인지, 월세로 살 것인지 선택했다면 최악의 선택은 피한 것이다.

그런데 매월 나가는 '비용적인 측면'에서는 잘 생각한 것이지만 '투자 측면'에서는 다를 수 있다. 전세 혹은 월세 선택 방식에서 결국 돈이 일하는 구조를 만들지 못했기 때문이다. 돈이 덜 드는 방법을 선택한 것이지, 그 비용 이상의 수익을 내는 투자 관점으로 이어지지 못한 점이 아쉽다는 의미다. 비용 절감과 절약은 당연한 것이고 투자로 자본수익을 발전시킨다는 마인드로 자산을 바라보고 세팅해야 한다.

이번에는 보증금에 들어가는 자기자본을 최대한 낮게 잡아 집에 묶이는 돈을 줄여 투자 등에 활용하는 경우를 생각해보자. 예를 들어 1억 원을 가지고 있는데, 살고 싶은 집의 전세가 2억 원이라면 전세대출을 1억 원만 받아 2억 원짜리 전세에 들어가는 방법도 있지만 투자에 자신 있는 경우(대출이자 3%보다 연 수익률을 높게 낼 수 있는 경우) 전세대출을 최대한도로 받아(80%, 1억 6,000만 원 대출) 전세금을 제외한 나머지 6,000만 원으로 투자할 수도 있다. 1억 원을 대출받았을 때 연간 이자는 300만 원, 1억 6,000만 원을 대출받았을 때 연간 이자는 480만 원이다. 그 차이값(480만 원−300만 원=180만 원) 이상의 수익, 즉 6,000만 원으로 연 180만 원 이상의 수익(3%)을 낼 수 있다면 좋은 대출, 좋은 빚의 활용이라 할 수 있다.

앞서 투자와 사업의 본질은 동일하다고 이야기했다. 우리나라 대표 기업들의 부채비율이 얼마인지 아는가? 유가시장(KOPSI, 코스피)에 상장되어 있는 기업들의 평균 부채비율은 100% 내외다. 즉 기업의 자산 중 절반은 자기자본이고, 나머지 절반은 빚이라는 뜻이다. 이렇게 빚을 내 기업을 운영하는 원리도 개인 투자와 똑같다. 대출 원금과 이자보다 더 큰 이익을 만들어낼 수 있다면 빚, 부채를 쓰는 것이다. 개인도 이와 마찬가지로 대출이자보다 수익을 더 많이 낼 수 있는 투자 운용능력을 갖췄다면 이를 레버리지로 활용할 수 있다.

자신의 상황과 형편에 맞지 않는 무리한 수준의 전세대출은 이상한 빚이 나쁜 빚이 되는 사례다. 2021년 기준 전세대출 한도는 전세금의 최대 80% 수준인데, 단지 원하는 곳에 살겠다는 이유만으로 최대한도로 전체대출을 받는 경우는 최악의 나쁜 빚이라 할 수 있다.

살고 싶은 지역의 아파트 가격은 10억 원, 가지고 있는 돈(자기자본)은 2억 원이라고 가정해보자. 주택담보대출은 한도가 훨씬 낮기 때문에(2021년 4월 기준 주택담보대출 한도는 수도권 집값의 40~50% 수준) 집을 사는 것은 불가능하니 전세를 알아보게 될 것이다. 전세가 6억 원 정도라면 내 돈 2억 원에 전세대출 4억 원(6억 원 한도의 80% 이하이기 때문에 가능)으로 전세금을 마련할 수 있으니 전세로 입주하고 싶다는 생각이 들 수 있다.

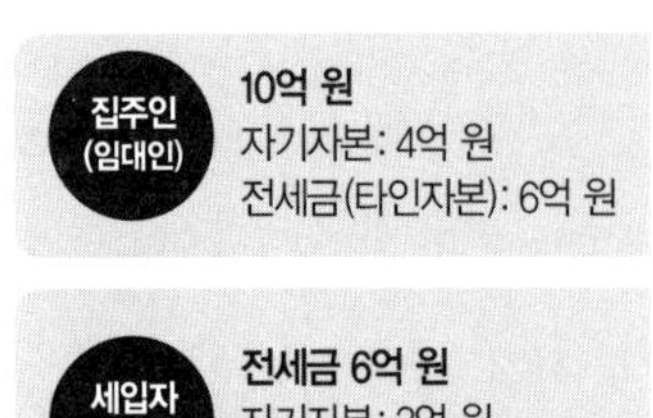

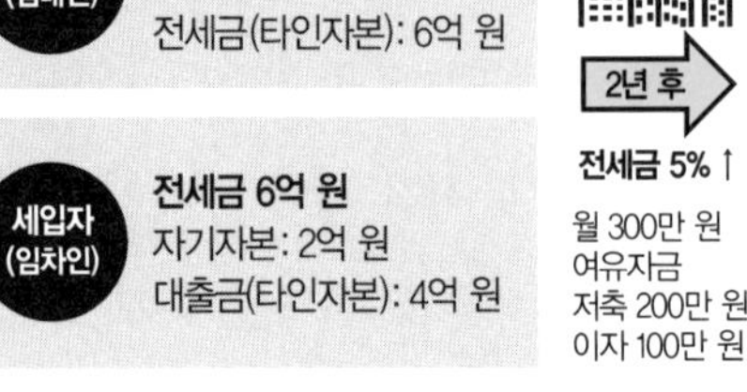

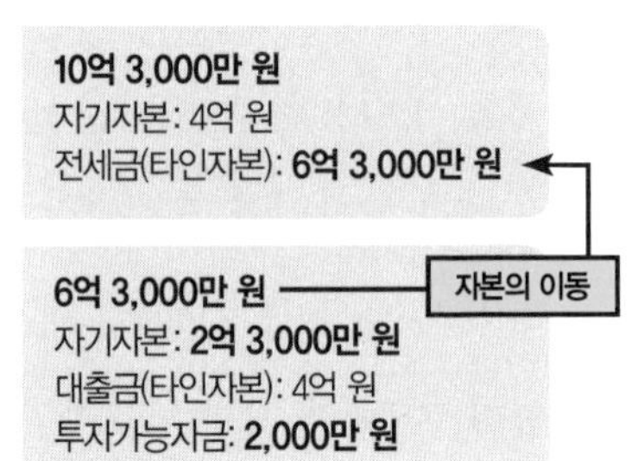

전세대출 선택과 자본의 이동

게다가 전세대출의 특성상 계약 기간이 2년으로 짧고, 2년 동안 원금과 이자를 같이 갚는 것이 아니라 이자만 갚다가 2년 후 대출 만기 시 일시 상환을 하게 되므로 실제 이자 부담도 적게 느껴져 나쁘지 않은 선택이라고 생각하기 쉽다.

그런데 정말 나쁘지 않은 선택일까? 한 번 생각해보자. 자산 관점에서 전세대출을 받은 4억 원은 일하지 않는 돈이다. 그런데 대출이자율을 3%로 잡았을 때 2년간 대출이자의 합계는 2,400만 원, 월 이자액만 100만 원가량 된다. 근로소득 중 월 300만 원 정도의 여유 현금이 발생한다 해도 100만 원이 대출이자로 나가면, 실제로 모으고 굴릴 수 있는 금액은 200만 원밖에 되지 않는다. 이렇게 되면 2년 뒤 자본은 어떻게 될까? '원금 2억 원+4,800만 원(200만 원×24개월)+α(4,800만 원의 이자 또는 투자수익)'가 될 것이다.

2년 뒤에 약 4% 정도인 200만 원의 수익이 나 자본은 2억 5,000만 원이 되었고, 다시 전세 재계약을 하는 상황을 생각해보자. 집값과 전세 시세가 오르지 않으면 다행이지만 계속 오르는 상황이라면 집주인은 전세금을 올려달라고 할 것이다. 이때 집주인이 5% 인상을 요구해 전세금은 6억 3,000만 원이 되었다. 전세대출을 연장해 원금 4억 원에 내 돈 2억 3,000만 원을 넣어 재계약을 하게 되면 어떻게 될까? 일하지 않는 돈이 2억 원에서 2억 3,000만 원으로 늘어나는 동안, 대출받은 빚은 4억 원 그대로이고 일하는 돈, 투자 가능한 돈은 2,000만 원 늘어난다. 대출 원금은 줄어들지 않고, 심지어 일하지 않는 돈(전세금, 2억 원 → 2억 3,000만 원, 3,000만 원↑)이 일하는 돈(투자에 활용할 수 있는 돈 2,000만 원↑)보다 더 빠르게 증가한 것이다.

빚은 타인의 자본이다. 내가 활용할 수 있는 돈은 적게 증가하고, 집주인은 나의 전세대출(타인자본)을 활용해 또 다른 투자를 할 수 있으므로 열심히 벌어 집주인에게 좋은 결과를 안겨준 셈이다. 게다가 이렇게 대출을 크게 받아 집을 구하면 사람 심리상 더 안 좋은 집으로 옮기기가 굉장히 어렵다. 사람은 적응의 동물이라 한 번 큰 집에 살거나 좋은 차를 차면 다운그레이드하기가 매우 어렵다는 사실을 대부분 공감할 것이다.

당장은 힘들 수 있지만 자산 증식을 통한 경제적 자유를 꿈꾼다면 현실을 제대로 깨달아야 한다. 거주를 '원하는' 집과 거주를 '할 수 있는' 집은 엄연히 다르다. 원하는 집에서 살고 싶은 마음에 무리하게 대출을 받는 것은 어리석은 행동이다. 그 집은 나중에 열심히 투자하고 벌어서 살아야 하는 집이지, 지금 살면 안 되는 집이다.

투자와 투기

투자를 위한 빚도 비슷하다. 투자수익률을 결정하는 요소는 다양하지만 빚을 이용한 투자를 판단할 때 가장 중요한 것은 '투자'와 '투기'를 구별하는 것이다. 투자와 투기의 차이점은 무엇일까? 먼저 자신이 생각하는 정의를 떠올려보자.

내 돈으로 투자하면 투자, 빚을 내 투자하면 투기일까? 부동산은 빚을 내 사는 경우가 많은데 한 채를 사도 투기일까? 사업을 할 때도 100% 자기 돈으로 하는 경우보다 일부를 대출 또는 투자를 받는 경우가 많은데 이 경우도 사업 투기일까? 기업들은 대출 또는 회사채 발행 등을 통해 빚을 조달해 설비 투자나 고용을 하는데 이건 투자일까, 투기일까?

혹시 빚의 크기에 따라 투자와 투기가 갈릴까? 100만 원을 빚내 투자하면 투자, 1억 원을 빚내 투자하면 투기일까? 연봉 5,000만 원인 사람이 500만 원을 빚내 투자하는 것과 연봉 1억 원인 사람이 1,000만 원을 빚내 투자하는 것, 10억 자산가가 2,000만 원을 빚내 투자하는 것은 같을까, 다를까? 이렇듯 투자와 투기의 경계는 매우 모호하다. 개인적으로 이를 구별하는 중요한 축은 결과에 대한 '판단'과 '근거'라고 생각한다. 현존하는 최고의 펀드매니저로 꼽히는 조지 소로스George Soros는 이렇게 말했다.

"맞고 틀린 것을 맞추는 것보다 맞췄을 때 얼마의 수익을 낼 수 있는지, 틀렸을 때 얼마를 잃을지 판단할 수 있어야 한다."

즉 대상에 대해 가치평가를 한 뒤 사는 것은 투자이고, 그렇지 않고 사는 것은 투기라 할 수 있다. 비교적 위험자산인 주식을 거래하더라도 치밀한 계산과 분석 끝에 거래한 것이라면 투자라 할 수 있고, 소액으로 비교적 안전자산인 금과 채권에 투자하더라도 제대로 된 판단이나 분석 없이 돈을 넣는다면 투기라고 볼 수 있는 것이다.

정리하면, 투자 대상에 대한 가치분석과 기대수익에 대한 근거를 바탕으로 판단하고 투자를 진행했을 때 결과적으로 그 빚의 원금과 이자를 갚는 것보다 수익률이 좋으면 좋은 빚이 되고, 반대로 자신의 실력에 맞지 않는, 준비가 덜 된 상태에서 하는 무리한 빚투는 나쁜 빚이 된다. 자신이 가지고 있는 빚이 좋은 빚인지, 나쁜 빚인지 점검해보자.

좋은 빚은 유지하고, 나쁜 빚과 이상한 빚은 줄여나가는 방식으로 사고를 전환하고 돈의 운용 방식을 바꿔야 더 빨리 돈을 모으고 굴릴 수 있다.

종잣돈의 원천, 근로소득

저금리와 통화량의 증가로 자산 가격이 급등하는 상황에서는 많은 사람이 허탈감을 느낀다. 자산소득의 상승효과가 근로소득의 효과를 압도하기 때문이다. 일반적인 회사에서는 심한 경우 연봉 및 성과급이 동결되고, 보통의 경우 2~3% 정도 인상되며, 고과를 아주 잘 받아야 5% 이상을 기대할 수 있다. 그에 반해 자산 가격은 한 해에 20% 이상 올라버리니 어찌 보면 허탈감이 느껴지는 것이 당연하다. 하지만 근로소득이 저금리 시대에 쓸모가 없다는 뜻은 절대 아니다. 반대로 저금리 상황에서 빛날 수도 있다. 그렇다면 근로소득의 장점은 무엇일까?

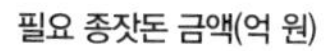

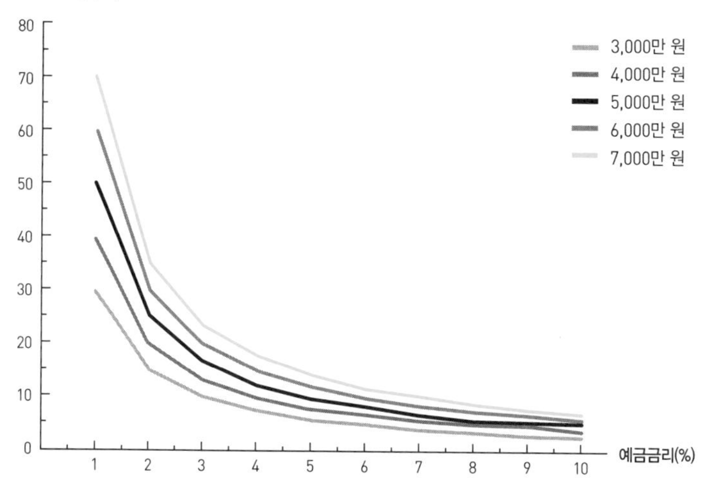

저금리의 역설, 금리별 근로소득의 현금흐름 가치

첫째, 근로소득은 현금흐름이다. 쉽게 말해, 매월 실제로 들어오는 현금이라는 것이다. 이자율이 4%였을 때를 생각해보면 10억 원을 예금에 넣었을 때 연 4,000만 원의 이자수익(세전)을 기대할 수 있었으나 지금과 같이 금리가 0%대일 때는 예금을 넣어봤자 보장금리는 1%, 약 1,000만 원 수준의 이자수익(세전)밖에 발생하지 않는다.

반대로 말하면 예금금리를 1% 주는 상황에서 연 4,000만 원의 연봉을 받는 근로소득자, 현금흐름이 발생하는 직장인이라면 그 가치 자체가 40억 원 수준의 가치를 지닌다는 의미로 생각할 수 있다는 것이다. 이는 자본주의의 두 축 중 하나인 이자를 감당할 수 있는 체력을 만들어줄 수 있다는 점에서 큰 장점이 된다.

둘째, 신용의 힘이다. 직장을 다님으로써 얻는 근로소득은 우리에게 원금과 이자를 갚을 수 있는 '신용'을 제공한다. 일반적으로 대출은 담보대출과 신용대출이 있다. 물론 담보대출은 금액 크기가 크고 이자율이 낮은 편이나, 담보의 50~70% 수준에서 대출이 이루어진다.

자산이 없는 상태에서의 신용대출은 상대적으로 금리가 높다. 그러나 신용대출의 경우, 근로소득의 100~150% 수준까지 대출이 가능하다는 장점이 있다. 게다가 회사생활을 오래할수록, 빚에 대한 연체 내역이 없을수록 신용점수가 올라가고 대출 한도가 높아지며 우대금리가 좋아져 대출금리가 점차 낮아진다. 시간과 몸을 써 열심히 일한 근로에 대한 대가를 자본주의에서는 이런 식으로 인정해주는 것이다. 직장인은 근로소득의 장점인 신용을 활용해 레버리지 효과를 더 크게 활용할 수 있다.

그러나 금리가 영원히 낮아질 수는 없다. 경기의 확장 및 축소 사이클에 따라 금리가 오르기도 하고, 내리기도 한다. 정부와 중앙은행은 경기가 좋지 않을 때(경기침체, 불경기)는 소비와 투자를 활성화하기 위해 금리를 낮춰 이자 부담을 줄여준다.

반대로 경기가 좋아 시장에 돈이 충분히 많고 유동성이 풍부할 때는 금리를 올려 과도한 자산 상승을 억제시키는 정책을 편다. 자산 가격이 꾸준히 상승하는 시기(호경기)에는 당연히 자산가들이 유리하다. 자산의 담보가치가 올라가므로 추가 담보대출을 쉽게 받을 수 있고, 이를 재투자해 자산을 증식시키기 용이하기 때문이다. 그러나 자산가치가 하락하는 시기(불경기)에는 근로소득의 가치가 상대적으로 올라간다. 자산을 담보로 하는 투자는 자산가치 하락으로 활용성 및 재투자가 어려워지지만, 근로소득은 매월 발생하는 현금흐름과 신용을 이용한 적립식 투자가 가능하기 때문이다. 따라서 자산 가격이 조정되는 시기에는 매달 발생하는 월급, 근로소득의 현금흐름이 매우 소중해지는 시점이 온다.

자본주의 사회에서는 돈이 돈을 버는 경우가 많지만, 때로는 근로소득이 주는 현금흐름과 신용을 이용한 투자가 유리한 환경도 분명 존재한다. 대부분의 사람이 회사에 매달려 근로소득만을 추구할 때 자본주의를 공부해 투자한 사람들이 큰 성공을 거두었듯, 지금처럼 많은 사람이 근로소득을 홀대하고 자산 및 투자소득을 더 크게 생각할 때 역으로 근로소득 향상 기회를 엿보는 것도 좋은 방법이다. 투자자산은 자산대로 돈이 일하게 두고, 근로소득을 올리기 위한 노력을 병행해 기초 체력을 탄탄히 하면 경제적 자유를 위한 토대가 더 빨리 마련될 것이다.

종잣돈,
얼마나 있어야 할까

자본주의에 대한 이해를 바탕으로 최소한의 공부를 하며 실제로 투자를 진행하기 위해서는 투자금, 즉 종잣돈seed money(시드머니)이 있어야 한다. 투자를 처음 시작할 때에는 투자 종잣돈을 얼마나, 어떻게 모아야 하는지 고민에 빠진다. 나 역시 마찬가지였다. 나는 이미 부를 이룬 사람들의 발자취를 찾아보기로 했다. 자산운용사들은 매년 '부자 보고서'와 같은 보고서를 발간하는데, 여기에는 자산가들의 자산 수준, 투자금, 투자자산군 등 이미 부를 이룬 자산가들의 데이터가 정리되어 있다.

투자의 시작은 '의미 있는 수준'의 종잣돈을 모으는 것이다. 그렇다면 '의미 있는 수준'의 크기는 대체 어느 정도일까? 또 그걸 마련하는 데 대략 얼마나 걸릴까? 부를 이룬 사람들의 통계를 통해 길을 찾아보도록 하자.

2020년 KB금융그룹의 '한국부자보고서'에 따르면, 부자 가구의 연간 저축 여력(총소득-총지출=잔여액)은 평균 4,400만 원이라고 한다. 월 평균 370만 원 정도의 저축 및 투자 여력 금액이 발생한다는 뜻이다. 매달 370만 원을 벌지 못하는 사람도 많은데 소득에서 지출을 뺀 월 잔여액이 370만 원이라니, 상당히 큰 금액이다.

50억 원 이하 자산가는 5억 원~10억 원을, 50억 원 이상 자산가는 10억 원 이상을 의미 있는 종잣돈 규모라고 생각했다. 그들은 의미 있는 종잣돈의 규모를 현 자산의 최소 10~20% 수준으로 여겼다. 이는 최종 목표금액의 10~20% 수준은 있어야 돈이 돈을 버는 효과가 나타나고, 목표 지점까지 잘 굴려나갈 수 있었다는 의미다. 이를 참조하면 나의 목표 자산의 10~20%에 해당하는 금액을 경제적 자유를 위한 종잣돈의 1차 목표로 세우는 것이 타당하다는 결론을 내릴 수 있다.

자산별 최소 종잣돈을 마련한 나이를 조사한 결과를 보면 40대 초반이 가장 많은 비율을 차지했다. 보통 사회생활을 20대 후반에 시작한다고 생각하면 약 15년 이내에 유의미한 수준의 종잣돈(최종 목표 자산의 10~20% 수준)을 마련한 것이다. '너무 느린 거 아냐?'라고 생각할 수도 있지만, 사실 이마저도 이루지 못하는 사람이 대다

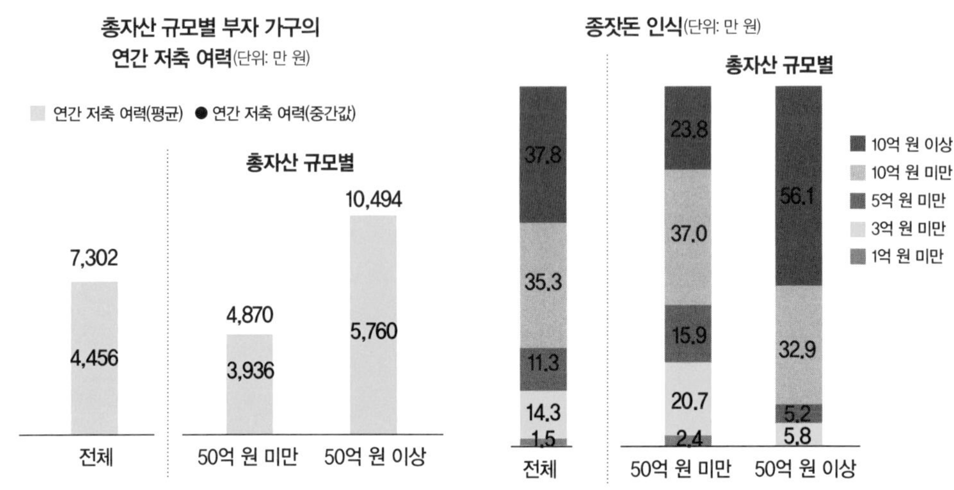

주) 전체 n=400, 총자산 50억 원 미만 n=227, 50억 원 이상 n=173

주) 전체 n=400, 총자산 50억 원 미만 n=227, 50억 원 이상 n=173

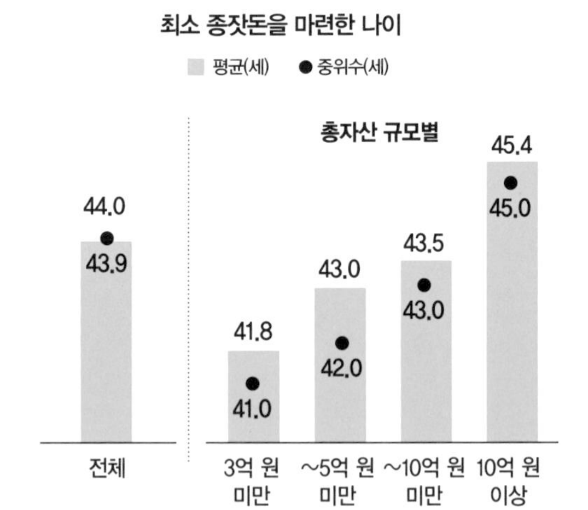

주) 전체 n=400 3억 원 미만 n=63, ~5억 원 미만 n=45, ~10억 원 미만 n=141, 10억 원 이상 n=151

출처: KB금융그룹

의미 있는 종잣돈의 크기와 달성 나이

수인 것이 현실이다.

요즘 자산이 하도 가파르게 오르고 아파트 한 채가 수억 원씩 하다 보니 돈의 가치를 잘 체감하지 못하는 경우가 많다. 아파트 가격이 1년에 1억 원 올랐다고 해서 1억 원이 작은 금액인가? 1억 원은 여전히 매우 큰돈이다. 저축만으로 1억 원을 모으는 경우를 생각해보자. 연간 3,000만 원씩, 월로 나누면 매월 250만 원씩 3년 이상을 모아야 한다. '최소 이 정도 소득을 만들어내지 못하면 부를 이루는 시간이 생각보다 오래 걸리겠구나. 근로소득을 늘리는 것과 함께 사업, 투자, 이자, 배당 등 추가 소득원이 반드시 필요하겠구나'라는 결론에 다시 한 번 도달하게 된다.

종잣돈, 어떻게 모아야 할까

주변 사람들에게 종잣돈을 모아야 한다고 말하면 이런 질문이 가장 많이 돌아온다.

"종잣돈은 무조건 저축으로 모아야 하나요? 아니면 종잣돈도 투자하면서 모으는 것이 좋나요?"

사실 정답은 없다. 그러나 종잣돈을 모으는 데 걸리는 시간이 짧지 않기 때문에 투자를 하면서 돈을 모으는 것이 현실적이다. 즉 내가 생각하는 정답은 후자다.

종잣돈을 모으더라도 계좌를 나눠 모으고 굴리는 것을 추천한다. 한때 '통장 쪼개기' 열풍이 불었다. 모든 돈을 한 통장에서 관리하면 각각의 입출금 내역을 파악하기 어려우니 월급통장, 생활비통장, 비상금통장, 적금통장, 노후준비통장 등으로 나눠 관리하는 것으로, 요즘은 돈 관리의 기초 상식처럼 여겨지기도 한다.

투자를 할 때도 비슷한 방식으로 '투자 계좌 쪼개기'를 추천한다. 범위를 총자산이 아닌 투자자산으로 좁혀 사회 초년생의 경우는 일단 5,000만 원을, 30대의 경우는 1억 원을 최대한 빠르게 모으는 것을 목표로 세우는 것도 좋은 방법이다. 여기서 투자금이란 금융자산을 의미하며, 실제 주거용 자금이 아닌 투자용 자금을 의미한다. 돈을 모아 전세금으로 묻어두는 것이 아니라 미혼이라면 부모님으로부터의 독립을 최대한 미루거나 전세 대신 월세를 선택하고 월세비용을 최소화해 투자금을 최대한 빠르게 모으는 것이다.

투자하면서 초기 투자금을 모으는 목표 기간은 최소 3년에서 최대 5년으로 잡는 것이 좋다. 최소 3년으로 정한 이유는 주식 투자의 경우 3년 정도의 시간이 상승장세와 하락장세, 둘 다를 경험하기에 적절하기 때문이다. 최대 5년으로 정한 이유는 너무 길어지면 현실적으로 목표 달성을 위한 의지가 떨어지기 쉽고 실천이 늘어지기 때문이다.

초기 투자금을 모으는 기간에 해야 할 일은 크게 두 가지다.

첫째, 무조건 아껴야 한다. 이건 다른 방법이 없다. 투자금이

5,000만 원~1억 원은 되어야 흔히 말하는 투자의 복리효과, 돈이 돈을 번다는 말을 간접적으로나마 느낄 수 있다.

내가 투자를 잘해 1년에 10% 정도의 수익을 냈다고 가정해보자. 투자금이 5,000만 원~1억 원이라면 500만 원~1,000만 원의 수익을 낼 수 있다. 일반 직장인의 2~3개월 치 월급을 투자를 통해 버는 것이다. '돈을 통해 시간을 벌었다'라는 느낌이 들 정도의 적지 않은 금액이다. 이러한 경험은 꾸준한 투자를 위한 매우 중요한 원동력이 된다.

만약 500만 원을 투자해 1년에 10% 정도의 수익을 냈다고 가정해보자. 수익은 50만 원이며, 이를 12개월로 환산하면 월 4~5만 원 수준에 그친다. 이런 규모의 투자라면 투자를 얼마나 잘하느냐보다 돈을 얼마나 아껴 쓰느냐가 더 중요하다. 술 마시는 횟수 줄이기, 택시 타지 않기 등 생활 속에서 소비를 줄이는 것이 더욱 효율적일 수 있다.

투자금이 적은 상태에서는 투자 공부를 병행하며 열심히 종잣돈을 모아야 한다. 흔히 말하는 몸테크, 즉 지출을 최소화하여 저축 비중을 높이는 마인드와 생활 방식을 필수로 장착해야 한다.

둘째, 나에게 적합한 투자법을 찾아야 한다. 이것이 3~5년간 투자자금을 모으는 시기에 투자를 병행해야 하는 핵심적인 이유다. 투자법은 직접 투자와 간접 투자(펀드 등 자산운용사 위임)로 나뉜다. 직접 투자 방식이 자신의 성향에 잘 맞고 수익도 괜찮다면 당연히 직접 투자 방식을 선택해야 하고, 그게 아니라면 간접 투자 방식을 선택하면 된다. 그렇다면 자신에게 적합한 투자법은 어떻게 찾아야 할까? 이에 대해 더 자세히 알아보도록 하자.

자신에게 적합한 투자법 찾기

자신에게 적합한 투자법을 찾기 위해선 우선 자신의 투자 성향을 파악해야 한다. 워런 버핏 등 투자의 대가들이 공통적으로 말하는 전제가 있다.

'투자는 지능보다 기질이 더 중요한 영역이다.'

'투자 기질'은 여러 가지 의미를 내포하지만 내가 가장 중요하게 생각하는 것은 '손실 감내 성향'이다. 인간은 누구나 손실에 대한 회피 본능을 가지고 있다. 물론 사람마다 정도의 차이는 있다. 주식 투자의 최대 장점은 손실금액의 최대한도는 −100%(원금)이지만, 반대로 수익금액, 즉 상승할 수 있는 폭은 기업가치 성장에 따라 10배, 100배도 가능하다는 점이다.

이러한 사실을 모두 알고 있지만 실제로 달성하지 못하는 이유는 크게 두 가지다. 첫 번째 이유는 그럴 만한 기업을 발굴하지 못하기(인지 부족, 경험과 실력 부족) 때문이고, 두 번째 이유는 그런 기업을 발굴하더라도 변동성을 견디지 못하기(수익을 실현하고 손실을 회피하고 싶은 본능) 때문이다.

변동성을 견디지 못한다는 말은 무슨 뜻일까? 변동성의 사전적 의미는 '자산의 가격이나 가치가 시간이 지남에 따라 변하는 정도를 나타내는 양'이다. 변동성이 큰 자산은 가격이 오르고 내리는 폭이 상대적으로 크고, 반대로 변동성이 작은 자산은 가격 변화가 상대적으로 적다. 주식은 변동성이 큰 자산에 속한다. 변동성이 얼마나 크기에 변동성을 견디지 못한다는 말이 나오는 걸까?

아마존, 애플, 구글, 마이크로소프트는 주식 투자를 하지 않아도 모두 알 만한 미국의 대표 빅테크big tech 기업이다. 이 기업들은 주식시장에 상장된 이후 장기적으로 엄청난 주가상승률을 보여주었다. 아마존은 약 1,600배, 애플은 약 700배, 구글은 약 30배, 마이크로소프트는 약 15배 상승했다.

그런데 주가가 오르는 동안 이 기업들은 순탄하게, 흔히 말하는 꽃길만 걸어왔을까? 기업들의 기간별 주가 하락 최대 폭을 나타낸 그래프를 보자.(130쪽) 위대한 기업들도 대부분 −10~−20% 이상의 하락을 수차례 겪었다. 심지어 아마존은 −50% 이상의 하락을 4차례, −90% 이상의 하락을 한 차례 겪었다.

투자자산의 대부분이 주식이고, 심지어 한 종목에 투자했을 때 이러한 급격한 변동성을 겪는다면 당신은 그 시기를 잘 견딜 수 있겠는가? 질문을 던져보겠다.

'주식에 1억 원을 투자했다. 그런데 주식시장 또는 대내외 경제

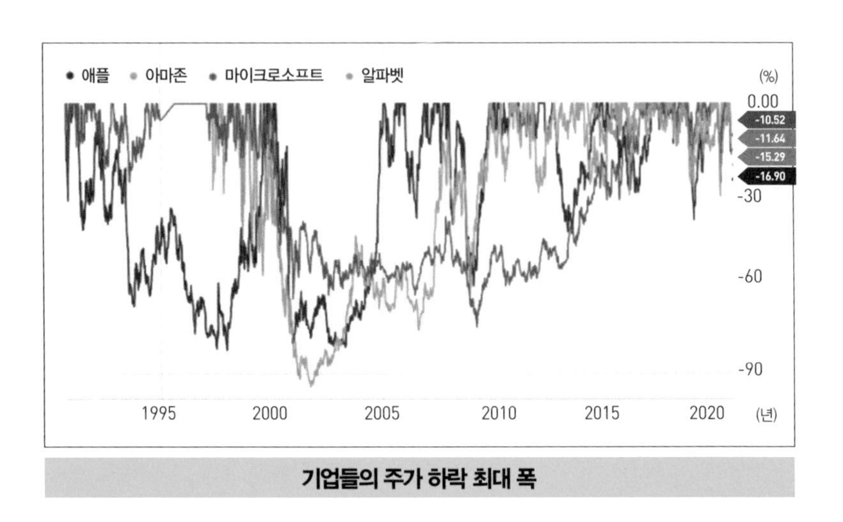

기업들의 주가 하락 최대 폭

상황이 좋지 않아 주가가 −30% 하락해 3,000만 원의 손실이 났다. 어떤 생각이 들 것 같은가?'

이때 '와! 연봉의 반이 날아갔네', '큰일이네. 기다렸다가 본전이 되면 팔아야지', '복구되려면 거의 50%가 올라야 하는데 언제 기다리지?'라고 생각했다면 변동성을 견디기 어려운 사람일 가능성이 크다. 이런 성향이 강하다면 주식과 다른 상품군이 혼합된 펀드 상품 등에 투자하는 것이 좋다. 손실이 날 때마다 월급의 얼마, 연봉의 얼마로 환산한다면 일상생활이 정상적으로 유지되기 어려울 것이다.

주식은 특성상 매분 매초 가격이 변한다. 이러한 변동성을 견디기 어려운 사람은 수시로 주식 호가창과 손실액을 확인하며 스트레스를 받는다. 그로 인해 회사 업무에 지장이 생기고, 심해지면 손실로 인한 고통에서 벗어나고 싶은 마음에 투자 자체를 아예 포기해버린다. 게다가 손실 회피 성향이 큰 사람은 좋지 않은 방식의 투자를 선택하기 쉽다.

앞서 언급했듯 주식의 가장 큰 장점은 손실과 이익의 비대칭성에 있다. 즉 손실은 원금을 전부 잃게 되는 상황이 발생하더라도 -100%이지만, 수익은 기업의 매출과 이익이 꾸준히 성장해 주가가 상승하면 장기적인 기대수익률은 100%를 넘어 수십, 수백 배가 될 수도 있다. 따라서 좋은 투자 방식은 최대한 손실을 줄이고 수익을 극대화시키는 것이다. 반대로 좋지 않은 투자 방식은 손실은 길게 유지하고, 수익은 짧게 가져가는 식으로 투자하는 것이다.

그런데 누구나 알 만한 좋은 방식을 두고 좋지 않은 방식으로 투자하는 사람이 왜 많은 것일까? 이는 손실 회피 성향을 극복하지 못하기 때문이다. 손실 구간에서 오랫동안 보유하다가 손실이 멈추는 순간, 주가가 원금에 가까워지는 순간, 흔히 말하는 본전이 된 순간 팔기 바쁘다. 손실 기간을 버티는 동안 시간은 흘러갔는데 원금이 되자마자 매도해버리니 투자수익이 발생하기 어려운 것이다. 결국 이런 투자 방식을 바꾸지 못하면 주식 투자로 장기적인 수익을 내기란 쉽지 않다.

적립식 투자를 하라

'잃지 않는 투자를 하라'와 '본전만 건지자'는 전혀 다른 의미의 말이다. 표면적인 의미만 따지면 비슷하게 느껴질 수 있지만 잃지 않는 투자란 잃을 가능성이 적은 투자 포지션을 고민하라는 뜻이다. 그리고 손실 회피 성향이 강한 사람임에도 투자금을 한두 종목에 소위 '몰빵'하는 투자자가 생각보다 많다. 이렇게 몰빵을 하면서도 여유자금 등을 적게 가지고 있다면 변동성 앞에서 취약해질 수밖에 없다.

만약 본인이 투자한 기업에 대해 확실한 투자 근거와 여유자금이 있다면 손실 구간을 버티면서 투자금을 늘리며 장기적으로 투자할 수 있겠지만 이미 100% 투자된 상태라면 버티는 것 말고는 방법이 없다. 그런데 대부분의 사람이 쉽게 버티지 못한다. '사람'이라서 그렇다. 과거의 변동성을 차트로, 기록으로 보는 것과 실제 경험하는 것은 차원이 다르다. 실제로 경험하면 그 공포감은 어마어마하다. 게다가 거기에 나의 모든 자산이 들어가 있다면 생각만 해도 끔찍하다.

주식시장은 자본주의 특성상 장기적으로 우상향하므로 시장에 항상 머물러 있으면 결국 수익을 만들어낼 수 있다. 그러나 많은 사람이 손실 회피에 대한 두려움과 변동성을 견디기 힘들어한다. 어떻게 해야 이러한 현상을 보완할 수 있을까?

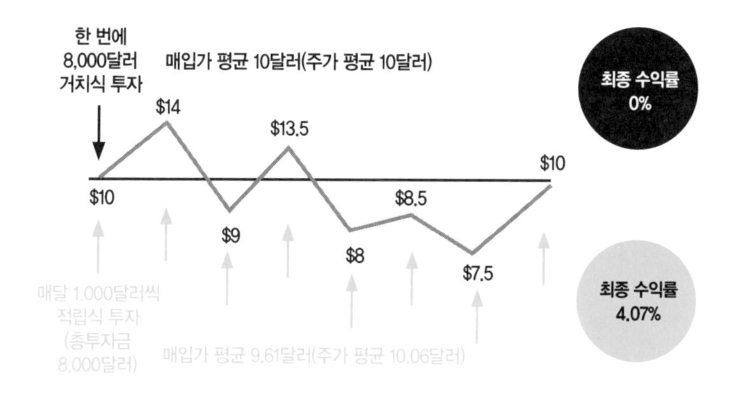

거치식 투자와 적립식 투자 비교

스스로 심리를 통제하지 못하는 사람은 직접 투자보다는 간접 투자가 적합하다. 또 투자금을 넣을 때도 한 번에 돈을 넣고 기다리는 '거치식 투자'보다는 매달 정해진 금액을 투자하는 '적립식 투자'가 대안이 될 수 있다. 투자 용어로 '분할매수', '분할매도'라고 한다. 이런 투자법의 가장 큰 장점은 주식을 나눠 매수함으로써 매수 원가에 대한 변동성을 줄일 수 있다는 것이다.

특히 많은 투자자가 하락장을 힘겨워하는데, 적립식 투자의 경우 투자수익 측면에서도 유리할 뿐 아니라 심리적으로도 도움이 된다. 이런 식으로 자신의 성향을 파악해야 적합한 투자법을 찾을 수 있다. (거치식 투자는 'LSI, Lump Sum Investment', 적립식 투자는 'DCA, Dollar Cost Averaging'라고 표현한다. 추가적으로 공부하는 경우 위 단어로 검색해보면 쉽게 찾아볼 수 있다.)

나에게 맞는 투자법 찾기: 자신만의 투자 대회 열어보기

구체적으로 투자를 어떻게 해야 할까? 투자금 납입법으로 나누면 적립식과 거치식이 있다. 그리고 투자자산과 방법으로 구분하면 개별 기업(종목)에 투자하는 것과 특정 산업에 속한 기업의 묶음 상품 격인 테마 ETF 투자(반도체ETF, 2차전지ETF, 헬스케어산업ETF 등), 지수를 추종하는 지수 ETF 투자(코스피지수, 코스닥지수를 추종하거나 미국 S&P500, 나스닥지수, 중국 항셍지수 추종 ETF 등), 주식, 채권, 금, 현금 등을 혼합해 투자하는 ETF 자산배분형 포트폴리오 등이 있다. 이런 기본 지식을 토대로 나에게 적합한 투자법을 찾기 위해 투자 계좌를 다섯 개로 나눠 운용해보았다.

1. 적립식 기업 계좌: 삼성전자, 마이크로소프트, 애플, 디즈니 등 대형 우량 기업 월 적립 투자
2. 적립식 ETF 계좌: 코스피지수, S&P500, 나스닥100 등 지수를 추종하는 ETF 적립 투자
3. 거치식 기업 계좌: 비상장주식(현재 상장되어 있지 않은 미래 유망 기업들) 투자
4. 거치식 ETF 계좌: 주식형, 채권형, 실물자산형(금, 부동산 리츠 등 ETF) 혼합 투자
5. 트레이딩 계좌: 단기 투자욕심 해소용(소액)

	적립식 투자	거치식 투자
개별 기업 투자	삼성전자, 마이크로소프트, 나이키, 애플, 디즈니 등	개별 기업 주식 비상장 기업 주식
ETF 투자	코스피200 ETF, S&P500 ETF, 나스닥100 ETF, 반도체 ETF 등	주식, 채권, 금 ETF 혼합형 자산배분 투자

투자유형별 포트폴리오 예시

초기 3년간의 투자 결과는 다음과 같았다.

	투자 기간	투자원금(원)	누적수익률	평가 및 비고
적립식 개별기업	2018~	60,000,000	120%	수익률, 수익금 모두 가장 우수
적립식 ETF	2018~	15,000,000	80%	ETF 투자 중 가장 우수
거치식 개별기업	2018~	16,500,000	109%	수익률 좋았으나 변동성 큼
거치식 ETF	2018~	14,400,000	36%	연금저축계좌로 운용, 자산배분 포트폴리오, 안정성 면에서 최우수
트레이딩 계좌	2018~	2,000,000	50%	흥미 있으나 심리적 불안정

자신만의 투자 대회 결과 및 요약

- 수익 측면: 적립식 기업 〉 거치식 기업 〉 적립식 ETF 〉 트레이딩 〉 거치식 ETF
- 심리적 안정 측면: 거치식 ETF 〉 적립식 ETF 〉 적립식 기업 〉 거치식 기업 〉 트레이딩

종합해보면, 수익률 측면에서는 예/적금보다 아주 훌륭했다. 그러나 시장수익률(지수)와 비교하면 상황은 좀 달라진다. 2018년 1월부터 2021년 7월까지 해당 기간 동안 주요 벤치마크 지수의 상승률은 다음과 같았기 때문이다.

벤치마크(시장) 지표	2018.01 시가	2021.07 종가	상승률
코스피KOPSI	2474.86	3202.32	29%
코스닥KOSDAQ	803.63	1031.14	28%
S&P500	2683.73	4395.26	64%
나스닥NASDAQ	6937.65	14672.68	111%
자산배분ETFAOR	45.04	56.18	25%

국내 지수(코스피, 코스닥)보다는 상당히 높은 수익률이지만 나스닥 시장지표보다는 낮은 수익률이 대부분이었다. 개별적인 기업 분석에 들어가는 노력과 시간 그리고 시장지수 대비 개별 기업 주가의 높은 변동성(심리적 안정감)까지 고려해보면 아주 만족스러운 수익률로 보기는 어렵다는 결론이었다. 결국 개별 기업 주식에 투자한다는 것은 시장(지수)수익률보다 높은 수익률을 추구한다는 것이고, 주식투자에서의 수익률이라는 것은 상대적이기 때문이다. 그만큼 유의미하게 시장을 이기는 수익률을 내기가 정말 쉽지 않다는 결과이기도 하다.

트레이딩은 투기적 욕구를 충족하는 데는 일부 도움이 되었지만 큰 수익을 내지는 못했다. 물론 트레이딩으로 큰돈을 버는 사람도 있지만 안타깝게도 나는 그러한 재능과 자질이 부족했다. 나의 트레이딩 실력은 다른 적립식 ETF 투자보다 수익 측면이나 심리적 안정 측면에서 열등했다. 이런 데이터를 통해 개별 기업을 분석함과 동시에 적립식 ETF 투자를 중점적으로 운용하는 것이 나에게 적합한 투자법이라는 판단을 내릴 수 있었다.

이런 식으로 계좌를 나눠 운용하면서 자신의 투자 심리와 성과를 기록해보라. 3~5년의 결과물을 기록하고 수익률을 정리하다 보면 자신에게 가장 적합한 투자법을 찾을 수 있다. 그 후에 해당 투자를 더욱 집중적으로 발전시키면 높은 수익률을 얻을 수 있을 것이다.

보복 소비와 수업료

앞서 종잣돈을 모으는 목표 기간은 최소 3년에서 최대 5년으로 잡는 것이 좋고, 종잣돈을 모으기 위해서는 무조건 아끼고 자신에게 적합한 투자법을 찾아야 한다고 강조했다. 이번에는 '보복 소비'와 '수업료'에 대해 간단히 이야기해볼까 한다.

첫 번째로 알아볼 단어는 요즘 각종 매체에 자주 등장하는 '보복 소비'다. 개인적으로는 매우 우스운 단어 중 하나라고 생각한다. 보복은 '어떤 대상으로부터 피해를 받았을 때 그대로 되갚아준다'라는 뜻이다. 그런데 소비를 못해서 무슨 피해를 받았을까? 최근 사람들이 받는 스트레스의 근본적인 원인은 무엇인가? 아마 순식간에 벌어진 자산 격차에 따른 '상대적 박탈감'일 것이다. 소비를 못해서가 아니라 투자자산이 없어 벌어진 현상이다. 자산에게 상대적으로 피해를 입은 것이다.

'돈이 돈을 번다'는 말을 되뇌면서도 돈을 모으는 투자가 아닌 돈을 쓰는 소비로 보복한다는 것이 아이러니하다. 굳이 따지면 우리가 '보복'해야 할 것은 '소비'가 아니라 '투자'다. 그동안 투자 공부를 하지도, 행동으로 옮기지도 않았으니 늦게라도 공부하고 투자하는 '보복 투자'를 하는 것이 맞지 않을까?

두 번째로 알아볼 단어는 사람들이 흔히 말하는 '수업료'다. 투자 손실이 발생했을 때 많은 사람이 이렇게 말한다.

"속상하지만 수업료 냈다 생각하겠습니다."

"욕심부리다 수업료 세게 냈네요."

물론 농담 반, 진담 반으로 하는 말일 것이다. 문제는 투자라는 행위가 우스갯소리에 그치는 것이 아닌 자본 손실이 발생하는 행위이기 때문에 좀 더 진지하게 접근할 필요가 있다는 것이다.

'투자 실패 경험에 대한 수업료'라는 말을 쓰려면 두 가지 요건이 충족되어야 한다. 첫 번째 요건은 실패 경험으로부터 실제로 배운 점, 즉 교훈이 있어야 한다는 것이다. 많은 사람이 투자 공부를 제대로 하지 않은 상태에서 지인의 추천으로, 돈 좀 벌었다는 사람들의 소문을 듣고 주식 세계에 뛰어든다. 그들이 투자를 시작할 때는 투자시장 분위기가 좋은, 소위 '상승장'인 경우가 많다. 그래서 초

심자의 행운beginner's luck으로 비교적 쉽게 수익을 얻기도 한다. 그러나 이런 경우 대부분 좋지 않은 결말로 이어진다.

내가 주식 세계에 뛰어든 건 2017년이었다. 코스피가 2,200에서 2,600으로 상승하는 시기였고, 단순한 투자 아이디어로도 쉽게 수익을 얻어 '내가 투자에 소질이 있나?' 하고 생각하기도 했다. 지금 생각하면 웃기지도 않는 망상이었다. 그러나 2018년 이후 하락장이 찾아오면서 누적 투자수익은 손실로 전환됐고, 높은 가격에 추가로 매수한 주식들의 손실은 복리로 하락하기 시작했다.

'천재는 당신이 아닌 상승장이다'라는 투자 격언이 나에게 해당되는 말이었음을 그제야 깨달았다. 아무런 원칙도 세우지 않고 투자한 나의 실패를 인정하고 주식을 손절매하며 정리했다. 그때부터 투자 대가들의 책을 읽으며 하나씩 공부해나갔다. 재무제표 보는 법, 사업보고서 보는 법 등을 익히고, 역사 속 투자 실패 사례와 성공 사례를 바탕으로 지식을 더욱 단단하게 다졌다. 그 결과, 2020년 코로나19로 인해 시장이 급락했을 때 과거의 실수를 되풀이하지 않을 수 있었다.

역사적으로 현금의 가치는 우하향하고, 자산의 가치는 우상향한다. 주식시장은 폭락하더라도 장기적으로 우상향하며, 기업과 인류는 종말이 오지 않는 한 결국 문제를 해결하고 발전해나간다. 이러한 사실을 인지하고 있다면 조금은 덜 불안한 마음으로 투자할 수 있다.

두 번째 요건은 수업료를 사전에 정해야 한다는 것이다. 무슨 뜻인지 생각해보자. 우리가 수업을 들을 때 어떻게 하는가? 강사의 수준, 수업 내용, 기간 등을 파악하고 그에 맞는 수업료를 사전에 지불한다. 세상에 어떤 수업이 '당신은 학업 성취가 낮으니 돈을 더 내세요'라고 하는가! 투자에 있어서 수업료라는 단어를 사용하려면 다음과 같은 요소들을 확인한 뒤 투자 공부를 시작해야 한다.

- **투자 범위(수업 내용 범위)**
- **투자 기간(수업 기간)**
- **투자금(수업료)**

내가 투자 실패를 경험한 뒤 극복할 수 있었던 이유 중 하나는 투자금의 상한을 정해두고 투자했기 때문이다. '투자시장에서는 돈 많은 초보가 가장 위험하다'라는 말이 있다. 잘 모르는 상태에서 투자하면 감당할 수 없는 손실이 발생할 수 있기 때문이다. 그래서 앞서 나만의 투자법을 찾는 구체적인 방법으로 투자 방식별로 계좌를 분리하고 약 3~5년 동안 적립식이든 거치식이든 투자금을 정하고 투자를 진행하는 방법을 제시한 것이다. 투자 수업을 잘 수행하면 수업료를 내는 것이 아닌 장학금(수익)을 받을 수도 있다.

투자 공부가 뒷받침되어야 흔들리지 않는다

보복 소비와 수업료를 버핏의 투자 원칙과 연결지어 생각해볼 수도 있다. 버핏의 유명한 투자 원칙을 소개한다.

첫 번째 원칙, 돈을 잃지 말라.

두 번째 원칙, 첫 번째 원칙을 지켜라.

첫 번째 원칙을 접한 소감이 어떤가. 너무나 당연한 말이라고 생각한 사람이 많을 것이다. 하지만 그 의미를 깊이 생각해보면 투자라는 행위의 본질을 정확하게 짚고 있다. 사람들은 투자를 결정할 때 수익만을 생각한다. 손실이 날 것이라 생각하며 투자하는 사람은 드물다. 하지만 버핏과 같은 뛰어난 투자자들은 가장 먼저 '돈을 잃지 않는 것'에 초점을 맞춘다. 돈을 잃을 확률을 줄이는 투자 선택을 이어나가면 언젠가는 벌 수 있다는 사실을 잘 알고 있기 때문이다.

돈을 잃지 않는 투자란 무엇일까? 원금을 잃지 않는 안전자산에만 투자하는 것? 그 의미는 아닐 것이다. 결국 '큰 손실'이 발행하는 위험(리스크)을 피하는 투자를 하라는 뜻이다. 주식과 같은 위험자산은 언제든 하락할 수 있다. 따라서 그런 리스크를 관리하기 위한 포트폴리오를 구성해야 한다. (버핏의 버크셔 해서웨이는 보통 위험자산 60~80%, 현금 및 채권 등의 안전자산 20~40%를 유지하고 있는 것으로 알려져 있다. 현 시장이 과열되더라도 위험자산의 투자 비중은 60% 정도로 두고, 주가 급락이나 조정이 올 경우 현금 등을 활용해 대응하겠다는 전략이다.)

투자로 성공한 사람들의 공통점은 투자 원칙, 투자 기법을 바탕으로 자신만의 투자 시스템을 구축하고 꾸준히 실행했다는 점이다. 내가 투자한 자산이 갑자기 상승할 수도, 하락할 수도 있다. 자산에 투자한 근거와 나만의 원칙이 없다면 가격 변동이 발생할 때마다 괴로울 수밖에 없다. 자산이 오르면 '더 살 걸' 하고 후회하고, 자산을 팔았는데 더 오르면 '팔지 말 걸' 하고 후회하고, 자산이 하락하면 '어제 팔 걸' 하고 후회하니 말이다. 투자 기준을 명확하게 세우지 않은 사람들이 대부분 겪는 현상이다. 분위기에 취하지 않기 위해, 시류에 휩쓸리지 않기 위해 가장 먼저 해야 할 일은 투자 원칙과 기준을 세우는 것임을 잊지 말아야 한다.

STEP 4

실천

모으면서 꾸준히 투자하자

경제적 자유를 향한 현실적 방법론

내가 생각하는 부자의 3요소는 다음과 같다.

- 융자 없는 실거주 1주택 보유자
- 현재의 근로소득을 대체할 수 있을 정도의 자본소득 보유자
- 타인의 부를 부러워하지 않는 사람(더 많은 돈을 벌기 위해 경쟁하고 비교하지 않는 사람, 돈에 대한 욕구를 절제할 수 있는 사람)

종잣돈을 마련하면서 열심히 투자 공부를 하고 소액 투자를 통해 실전 테스트 기간을 보냈다면 그 결과를 바탕으로 자신에게 맞

부의 추월차선

부를 이룬 후 자산 세팅

현실적 방법

실거주 1주택 마련 후
투자를 통한 자산군 완성

경제적 자유를 향한 다양한 경로

는 최적의 투자 경로를 결정해야 한다. 준비 기간(3~5년 정도)에 주식이나 부동산 투자를 통해 시장수익률을 압도하는(평균 시장수익률의 2~3배 이상) 수익률을 거두었다면 부의 추월차선을 탈 만한 자격이 생겼다고 볼 수 있다. 혹은 좋은 사업 아이템을 발굴해 창업을 했는데 사업체가 성과를 거두었다면 사업에 어느 정도 자질이 있다고 볼 수 있다. 자신만의 특별한 능력을 발견했다면 다른 방법들을 시도하는 것보다 그 능력을 살려 사업/투자소득을 최대한 버는 것이 좋다. 그걸 모아 이후에 주택을 사든 무엇을 하든 자산을 자유롭게 사용하면 된다. 하지만 이런 사람이 많을까? 그렇지 않다. 직장에 다니며 투자를 하는 대부분의 평범한 사람은 종잣돈을 모으는 기간 동안 시장 평균 투자수익률 또는 그 이하의 수익률을 얻었을 것이다.

재테크를 할 때 꼭 기억해야 할 것은 자신이 할 수 있는 것과 할 수 없는 것, 현재 상황에서 가능한 것과 불가능한 것을 구별할 줄 알아야 한다는 점이다. 내가 얼마만큼 해낼 수 있는 사람인지 스스로를 파악할 수 있어야 한다. 자신의 능력 범위 내에서 하는 것은 투자이고, 불가능한 욕심을 내는 것은 투기다.

많은 사람이 부의 추월차선을 따라가길 원한다. 하지만 결코 쉬운 일이 아니기에 달성하는 사람은 매우 적다. 테스트 기간의 결과치를 부정하지 말고, 자신의 능력 범위 내에서 현실적인 경로를 선택해야 한다. 그렇다면 현실적인 방법은 무엇일까? 바로 근로소득을 바탕으로 현재 자산과 소득 수준에서 가능한 실거주 주택을 마련하고, 그 이후 발생하는 소득과 재원으로 주식 투자 또는 부동산 투자를 통해 자본소득을 구축하는 것이다. 많은 사람이 소수의 신화 같은 사례를 꿈꾸지만 그것을 달성하는 사람은 쉽게 찾아보기 어렵다. 백일몽을 꿈꾸기보다는 현재 할 수 있는 것을 묵묵히 추구하는 것, 그것이 우리가 걸어가야 할 길이 아닐까.

첫 번째 목표, 실거주 주택 마련하기

전설적인 투자자 피터 린치Peter Lynch는 《전설로 떠나는 월가의 영웅》에서 이렇게 말했다.

'주식에 투자하기 전에 먼저 집을 마련하라.'

앙드레 코스톨라니André Kostolany도 《돈, 뜨겁게 사랑하고 차갑게 다루어라》에서 이렇게 말했다.

'스스로 살 집은 가능하면 사라고 권한다. 이것이 첫 번째 투자다. 그렇게 되면 상승하는 집세와 집주인으로부터 자유로워질 수 있다.'

나의 첫 번째 목표는 나와 내 가족이 마음 편히 지낼 수 있는 실거주 1주택(아파트)을 매수하는 것이었다. 이는 사실 부의 관점에서 보면 부동산 투자가 아니다. 중립적인 선택이기 때문이다. '무슨 소리야? 내가 산 아파트 가격이 오르면 그게 투자지!'라고 생각하는 사람도 있을 것이다. 그러나 생각해보자. '부'는 상대적인 것이다. 그렇지 않다면 '벼락거지', '상대적 박탈감' 같은 자산 격차에 따른 피로감은 없지 않았을까? 기본적으로 투자는 돈을 '추가적으로', '남들보다 더' 벌기 위한 행동이라고 생각하는 것이 맞다. 직장생활을 하며 근로소득을 버는 행위를 투자라고 생각하는 사람은 없다. 반면 투잡, 쓰리잡을 하며 돈을 버는 행위는 투자라고 말한다. 이는 내 '시간'이라는 가치를 '추가적으로 투자'해 돈을 버는 행위이기 때문이다. 바꿔 말하면 투자라는 행위가 가치 있으려면 나와 비슷한 자산을 형성하고 있는 사람들보다 그 투자 결과가 앞서나가야 한다.

그렇다면 실거주 1주택을 부동산 투자 관점에서 다시 생각해보자. 내 집값이 오르면 비슷한 시세를 형성하는 주변 집값도 동시에 오른다. 내가 살고 있는 110동 1002호만 오르고 옆집, 윗집은 오르지 않는 일은 일어나지 않는다는 말이다. 또 우리 단지가 오르면 옆 단지도 가격이 오를 확률이 상당히 높다. 이렇듯 내 자산의 절대적인 가치가 상승하긴 하지만, 상대적인 가치까지 상승하진 않는다. 이 말은 현재 살고 있는 집을 팔아 좀 더 좋은 지역으로 이사를 가더라도 다른 곳도 가격이 올랐기 때문에 그 차이만큼 추가 비용이 드는 것은 비슷하다는 의미다. 따라서 실거주 1주택은 투자라기보다는 인플레이션을 대비한 돈과 나의 주거 환경을 지키는 헷지hedge에 가깝다.

그러나 1주택자가 아닌 무주택자나 다주택자의 경우는 집값 변동에 따른 자산 변동이 크다. 무주택자는 주택 가격이 하락하면 보유하고 있는 현금으로 매수할 수 있는 주택 범위가 넓어지므로 상대적으로 이득이고, 반대로 가격이 상승하면 보유하고 있는 현금으로 매수할 수 있는 주택 범위가 좁아지므로 상대적으로 손해다. 한편, 다주택자는 주택 가격이 상승하면 현재 살고 있는 주택과 투자 자산인 주택 가격이 상승하니 자산가치가 전체적으로 올라갈 것이고, 반대로 가격이 하락하면 자산가치가 배로 떨어질 것이다.

정리하면 무주택자는 주택 가격이 하락해야 이익을 보는 투자자의 포지션(투자 용어로 숏short 포지션), 다주택자는 주택 가격이 상승해야 이익을 보는 투자자의 포지션(투자 용어로 롱long 포지션), 1주택자는 주택 가격이 상승하거나 하락하더라도 상대적인 가치는 큰 변화가 없기 때문에 중립 포지션이다.

자산시장은 장기적으로 인플레이션이 되기 때문에 자산가치는 조금씩 우상향하고 현금가치는 조금씩 우하향한다고 가정하고 투자를 진행해야 한다. 불황, 경제위기, 경기침체가 일어나 자산가치가 하락하고 현금가치가 올라가는 디플레이션에 베팅하는 것이 아니라면 1차 목표는 실거주 주택을 마련하는 것이 되어야 한다. 그리고 나머지 자금을 투자자산으로 돌리고 자산을 불려나가는 것을 목표로 해야 한다.

두 번째 목표, 자본소득 만들기

실거주 주택을 마련했다면 그 다음에 해야 할 일은 근로소득을 대체할 수 있는 투자 자본소득을 만드는 것이다. 사업을 제외한 대표적인 선택지는 두 가지, 즉 주식 투자와 부동산 투자다. 부동산의 경우 2주택이나 실거주 1주택+상가, 분양권, 입주권, 오피스텔 등이 될 것이다.

주식 투자는 소액으로도 시작할 수 있고, 거래비용도 0.3% 수준으로 낮으며, 자산군의 유지 및 관리비용이 거의 들지 않는다는 장점이 있다. 또한 분산투자가 가능해 투자금을 나눠 국내 다양한 기업에 투자할 수 있고, 해외 주식 등도 비교적 쉽게 거래할 수 있다.

기준	주식 투자	부동산 투자	비고
분산투자	국내/해외 가능	비교적 집중투자	주식 우위
가격 변동성	높음	낮음	부동산 우위
사용가치	낮음	높음	부동산 우위
레버리지	위험성 높음	비교적 안정	부동산 우위
초기비용	소액 가능	비교적 고액	주식 우위
거래비용	낮음	높음	주식 우위
유지비용	낮음	높음	주식 우위
투자 주체	개인/기관/외국인	개인/법인	중립

주식 투자와 부동산 투자의 특성 비교

반면 부동산은 해외 투자도 쉽지 않고, 투자금의 크기가 작을 때는 분산투자도 할 수 없다. 또한 초기 진입비용이 크고, 거래비용도 3% 수준으로 높으며, 유형자산이므로 유지 및 관리비용이 꾸준히 발생한다. 그러나 실물자산으로서의 사용가치가 우수하고, 주식보다 가격 변동성이 낮으며, 양질의 레버리지 효과를 기대할 수 있다는 장점이 있다.

자산으로의 가치는 거래를 위한 가격의 가치(거래가치)와 사용가치가 있다. 사용가치 측면에서는 부동산 투자가 유리하다. 주식 투자의 거래가치는 주가, 즉 매매차익이고, 사용가치는 주주의 권리(기업의 의사결정에 참여할 수 있는 권리인 의결권)다. 주식 투자의 경우 이론적으로는 주주의 권리를 행사할 수 있지만, 일반적으로 소액주주의 경우 그 권리를 행사하기 어렵고 거래에 대한 차익만 기대할 수 있다. 반면 부동산은 거래에 대한 차익뿐 아니라 실제 거주 또는 임대를 주는 등 실물자산으로서의 사용가치가 있다. 이는 가격 하락 변동을 막아준다는 장점이 있다. 또 주택담보대출이라는 양질의 대출을 사용할 수 있다는 점과 전세제도를 이용하여 임차인(세입자)의 자금을 이자 없이 활용해 자산가치가 상승할 때 그 수익을 극대화할 수 있다는 점도 큰 장점이다.

보통 부동산은 비교적 높은 거래비용과 낮은 환금성(현금으로 변환하기 어려움)이 대표적인 단점으로 꼽히지만 장기 투자를 한다면 이 점은 오히려 장점이 되기도 한다. 주식이든 부동산이든 제대로 된 곳에 장기적으로 투자하면 돈을 벌 수 있다는 사실은 모두 알고 있을 것이다. 주변을 둘러보면 주식 투자로 부자가 된 사람보다 부동산 투자로 부자가 된 사람을 더 많이 볼 수 있다. 이는 낮은 환금성도 일조했다고 생각한다. 만약 부동산이 실시간 거래가 가능하고 주식처럼 시세가 빠르게 변하며 쉽게 사고팔 수 있다면 장기적으로 보유하는 사람이 절대적으로 줄어들 것이다. 주식 투자든 부동산 투자든 제대로 공부하고 실천한다면 돈을 벌 수 있다. 투자 도구, 방식의 문제가 아니라는 말이다. 자신의 상황과 성향을 잘 파악하고 준비, 실천 과정을 겪으며 방향을 결정하는 것이 중요하다.

과거 신혼집을 알아보던 나는 초기 자금 대부분을 들여 빌라에 세입자로 들어갔다. 그때 적극적으로 부동산을 공부하고 자본시장을 이해했다면 좀 더 좋은 선택을 했을 것이라는 아쉬움이 남는다.

만약 그때로 되돌아간다면 혼수 마련 비용과 전세로 묶이는 돈을 아껴 투자하고 월세 오피스텔에 신혼집을 차릴 것이다. 하지만 뭘 잘 모르던 상태였기에 그런 선택을 하기 어려웠다.

당시 나는 근로소득을 바탕으로 저축 및 주식 투자를 할 수밖에 없는 상황이라고 생각했고, 초기 종잣돈을 본격적으로 모으기 위해 월 지출비용을 소득의 30% 이하로 관리했다. 그리고 나머지 비용은 모두 저축 및 적립식으로 투자했다. 그렇게 5년의 시간이 흐르자 2~3억 원 정도의 자금이 모였고, 그것을 바탕으로 경기도에 실거주 아파트 한 채를 매수했다. 그제야 비로소 투자에서 선택이라는 것을 할 수 있는 상황이 만들어졌다.

지역에 따라 다르지만 최소 2~3억 원 정도는 있어야 대출을 포함해 부동산 매수 및 투자가 가능하다. 물론 1억 원 이하로, 심지어는 몇 천만 원 이하로도 부동산에 투자할 수 있지만, 초기 투자자의 경우 아파트 이외에 토지, 경매 등을 시작하기엔 위험이 크므로 권유하지 않는다.

나는 초기 3년간 종잣돈을 모으며 투자한 경험과 내 투자 성향을 종합해 최적의 투자 경로를 결정하기 위해 노력했다. 앞서 준비 기간인 3~5년간 뛰어난 사업 아이템을 발굴하거나 평균 시장수익률(연평균 6~10%)의 2~3배 이상을 기록해야 부의 추월차선을 탈 수 있다고 이야기했다. 당시 나는 '지금 실력으로는 바로 부의 추월차선을 탈 수 없다'라는 결론을 내렸다. 준비 기간 동안 평균 시장

수익률을 약간 넘는 수준의 수익률을 기록했기 때문이다. 물론 이것도 나쁜 결과는 아니라고 생각하지만, 내 집 마련을 뒤로 미루고 투자에 올인하기에는 부족한 수준이라고 판단했다.

또한 투자 성향상 자산의 대부분(70~80% 이상)을 사업자금 및 투자금으로 운용하는 것은 아무나 할 수 있는 일이 아니라는 사실도 절감했다. 과거 대규모 시장 충격(1998년 IMF, 2008년 서브프라임 사태 등)이 발생했을 때는 학생이었기에 그 상황을 제대로 인지하지 못했다. 내 돈이 주식시장에 들어가 있지 않았기 때문에 주식 폭락 등은 단순히 책에 기록된 일, 즉 남의 일이었다. 하지만 2020년은 달랐다. 코로나19가 글로벌 경제에 엄청난 영향을 미쳤고, 주가가 쭉쭉 떨어졌다. 주식시장이 폭락해 한 달 사이에 내가 보유한 주식 평가액의 절반이 사라졌다. 공포감이 엄청났다.

주식시장이 급락했을 때 자산의 상당수가 사업이나 주식 투자에만 편중되어 있다면 대부분의 투자자는 그 변동성을 견디기 어려울 것이다. 물론 주식시장 폭락이 빈번하게 발생하지는 않는다. 그러나 주거 안정성이 확보되지 않고, 매우 뛰어난 수준의 사업/투자 성과를 내지 못하는 상황에서 위기가 닥친다면 대처가 어려운 것이 사실이다. 그래서 이런 상황을 종합적으로 고려해 내 자산과 소득 수준에서 가능한 금액대의 실거주 1주택을 마련한 뒤 다시 주식 투자에 집중하는 경로를 설정했다.

실거주 1주택 마련하기

2020년을 강타한 매우 슬픈 신조어가 있다. 바로 '벼락거지'다. 코로나19 사태로 방역을 위해 사회적 거리두기 및 셧다운(임시 폐쇄)이 시행되면서 개인과 기업은 큰 충격을 받았다. 근로소득과 사업소득은 막대한 지장을 받을 수밖에 없었다. 하지만 주식, 부동산, 가상화폐 등 대부분의 자산은 하락의 충격을 빠르게 극복하고 상승했다. 실물경제가 무너지는 것을 막기 위해 금리를 낮추고 돈을 마구 찍어내면서 상대적으로 현금가치가 하락하고 자산가치가 급격하게 상승했기 때문이다.

그러나 주식, 부동산, 가상화폐 등의 가격이 올랐음에도 사람들이 느끼는 감정의 결은 달랐다. 주식과 가상화폐 상승은 상대적 박탈감의 영역이지만, 부동산의 전세가 및 매매가 급등은 실생활과 밀접하게 연결되는 부분이기 때문이다. 최근의 집값 상승, 급등을 넘어 폭등을 기록한 현상을 보며 무주택자들은 깊은 한숨을 내쉰다. '집값이 너무 오른 거 아냐? 그래도 사야 하나? 가격이 떨어질 때까지 기다려야 하나? 이번 생은 망했어'라는 생각이 절로 들 만하다. 유튜브나 강의 조언을 들어봐도 반응이 극과 극으로 갈린다.

'사자'파	실거주 1주택은 투자가 아니라 중립이다. 여력이 된다면 거시경제를 무시하고 반드시 사야 한다.
'기다리자'파	올라도 너무 올랐다. 살고 싶은 곳은 영끌을 해도 불가능하다. 자산이 영원히 오를 수는 없다. 언젠간 조정, 하락장이 올 테니 후일을 도모하자.

나는 전자의 입장이다. 실거주 1주택은 필요할 때, 자금 여건이 되는 한도 내에서 사는 것이 맞다고 생각한다. 주택 마련을 고민하는 사람들의 머릿속은 돈, 상황, 감정 등이 복잡하게 얽혀 있을 것이다. 냉정한 판단을 위해 고민거리들을 한 번쯤 차분히 정리해볼 필요가 있다.

1. 나는 현재 집(자가 소유)이 필요한가?

2. 집이 필요하다면 안 사는 건가, 못 사는 건가?

대부분의 사람은 실거주 사유가 발생했을 때 집을 필요로 한다. 부모님으로부터의 독립, 취업, 결혼, 출산 등이 주거 안정화 사유에 해당한다. 집이 필요한데 사지 않는 대표적인 케이스는 특정 직업에 종사해 세금 등의 문제로 집을 소유하는 것보다 임대해 생활하는 것이 유리한 경우, 집을 매수해 얻는 이익보다 그 돈을 투자해 얻는 이익이 더 큰 경우(자본의 효율성 고려)다. 그래도 이런 경우는 자본적인 준비는 되어 있는 상황이기 때문에 선택지가 있다. 문제는 집이 필요한데 못 사는 경우다. 자본이 아예 없다면 당연히 매수를 할 수 없으니 오히려 고민이 없다. 그런데 자본이 어느 정도 있는데도 집을 사지 않는다면 '집을 못 사는 건지, 안 사는 건지' 신중하게 생각해봐야 한다.

실거주 주택 마련과 관련한 실제 상황 예시

다음 대화를 통해 자신의 상황과 마음을 알아보자. 신혼생활을 하고 있는 A와 나의 대화다.

A 곧 전세 만기인데 집주인이 전세금을 5,000만 원이나 올려 달래요. 20% 이상 인상이라니! 그런데 주변만 봐도 전셋값이 엄청 뛰긴 했더라고요.

나 전반적으로 시장이 비정상적이긴 해. 그런데 매매가가 올라가는 건 거품이나 가격 왜곡이 맞는데, 전체적으로 전셋값이 오르고 있다는 건 그 가격을 인정하든 안 하든 받아들여야 해. 아파트는 한 사람이 여러 채를 보유할 수 있지만, 전세는 한 사람이 여러 집과 계약해 살진 않잖아. 전셋값이 오른다는 건 실제 거주용 공급은 부족하고, 수요는 여전히 많다고 해석할 수밖에 없어.

A 저희 부부는 열심히 아끼고 저축해서 경기도 근처에 있는 아파트 하나 사는 게 목표였는데, 상황이 이러니 어떻게 해야 할지 모르겠어요.

나 그렇지. 40~50대야 그동안 매수할 기회가 여러 차례 있었는데, 사회 초년생이나 20~30대 초중반은 제대로 된 기회가 없었지. 그래도 과거로 돌아갈 순 없잖아. 현실을 받아들이고 어떻게 대응할지 고민해봐야지.

A 요즘 집값이 정말 미친 것 같아요. 1년 만에 몇 억이 오르는 게 말이 되나요? 월급쟁이가 과연 이 집값을 감당할 수 있을까요? 전 이 가격 인정 못해요. 거품이에요! 시간이 지나면 조금 떨어지지 않을까요?

나 한없이 오르는 자산은 없으니 언젠간 조정이 되긴 하겠지. 그런데 그게 언제가 될지, 얼마나 떨어질지 알 수 없으니 문제 아닐까? 그리고 자산 가격이란 건 우리가 인정하고 안 하고는 중요하지 않아. 감정가라는 것이 있고, 아파트는 KB부동산 시세라는 것이 있어. 피도 눈물도 없는 자본주의 본고장인 금융권에서 대상의 담보가치를 인정해준 값이잖아. 시장이 현재 인정한 가격인 거야.

A 인구도 줄어든다고 하고, 금리도 올라간다고 하니 집값이 떨어질 일만 남은 거 아닌가요?

나 뭐, 가능성이 없는 이야기는 아니야. 그런데 서울 인구는 줄어들어도 수도권 인구는 꾸준히 유지되고 있어. 심지어 경기도 인구는 늘고 있지. 지방보다 수도권에 돈 되는 일자리가 많으니 사람이 몰릴 수밖에 없어. 금리가 올라가는 건 부담인 게 맞아. 그런데 어차피 보금자리론을 받을 수 있는 가격 정도의 아파트를 매수한다면 금리도 고정이고, 꾸준히 갚아나가는 데 부담은 없을 것 같은데?

A 그래도 가격이 떨어질 가능성이 큰 자산을 사는 건 부담이에요.

나 집은 투자가치뿐 아니라 사용가치도 있잖아. 실제로 거주하면서 얻는 이점이 있지. 가격이 떨어질 가능성이 큰 자산을 사는 것이 부담스럽다면 차는 왜 사? 차는 감가상각이 무조건 일어나고 가격이 100% 떨어지는 자산인데? 사용가치가 있으니 사는 거잖아. 반면 부동산은, 특히 아파트는 사용가치도 있으면서 장기적으로는 인플레이션 대응도 되는 투자자산의 가치를 가지고 있어. 그래서 다들 실거주용으로 한 채씩 가지고 싶어 하는 거지. 그게 맞는 대응이고.

A 그래도 차와 달리 집은 너무 비싸잖아요. 큰돈이 들어가니 부담스러운 거죠.

나 그럼 반대로 물어볼게. 집값이 얼마나 떨어지면 살 수 있겠어? 앞으로 몇 년 더 오르다 조금 떨어지면 어떻게 대응할 수 있을까? 그래도 안정적으로 거주할 수 있는 집을 하나 마련하면 내 집 하나는 남으니 거주하며 돈을 모을 수 있지. 집값이 오르면 아주 좋은 거고. 그런데 사지 않았는데 계속 오른다면?

아예 못 사게 될 수도 있는데 두 경우 얻는 것과 잃는 것의 차이가 너무 크지 않을까?

A 대출 규제 때문에 대출을 받는 것도 한계가 있고, 사고 싶은 집은 가격이 너무 올라 아무리 영끌을 해도 살 수가 없어요.

나 가격이 안 맞으면 가격에 맞춰야지. 집주인이 사정이 딱하다고 싸게 팔 리 없으니까. 신축이 아닌 구축을 선택하든, 외곽으로 나가든, 평수를 줄이든 하는 수밖에 없어.

A 외곽으로 나가는 것도 생각해봤어요. 그런데 집값이 떨어지면 외곽부터 떨어지지 않을까요?

나 그렇게 생각하면 투자와 실거주를 분리하는 방법도 있어. 목표로 하는 집은 전세를 안고 사두고, 본인은 외곽에서 월세로 사는 거지. 근데 이건 아파트를 사는 것보다 더 많은 분석과 마인드 컨트롤이 필요해. 투자 마인드가 잡혀 있지 않은 사람들은 월세로 사는 게 쉽지 않은 선택이거든.

A 그럼 어떻게 하는 게 좋을까요?

나 먼저 모든 결정과 책임은 본인의 몫이니 내 의견은 참고만 하길 바랄게. 결국 모든 투자는 포지션이야. 상승 혹은 하락을 맞추는 것보다 내가 맞췄을 때 무엇을 얼마나 얻고, 틀렸을 때 무엇을 얼마나 잃는지가 중요해. 특히 자녀 계획이 있는 경우에는 더더욱 운신의 폭이 좁아지니 그것까지 고민하는 게 좋아. 소득이 많아 신혼부부 특별공급 대상이 안 되거나 청약 점수가 9점 이하이면 청약 당첨 확률이 매우 낮아. 현재 여건에서 당분간 살 수 있는 집을 보금자리론 가격에 맞춰(최대 6억 원, 몸테크할 각오가 되어 있다면 좀 더 외곽으로 가더라도 역세권 4~5억 원, 전세가율 70%를 받춰주는 아파트) 찾아보는 걸 가장 추천해.

만약 집값 하락에 베팅하는 포지션(무주택 유지)을 한다면 집 규모를 줄이더라도 월세로 옮기는 게 맞다고 생각해. 전세로 살고 있으면 집값이 하락하거나 급매물이 나오더라도 매수할 수 없으니 말이야. 세입자를 구해주고 나오면 된다고 생각할 수도 있지만, 그게 현실적으로 쉽지 않아.

주식 등 다른 투자를 하더라도 월세로 가는 게 맞아. 내 전세금을 당장 월세로 돌리면 대출이자보다 월세가 당연히 비싸겠지. 공식적인 전월세 전환율은 2.5%지만 실제로는 약간 더 높아. 1억 원에 월세 30만 원 정도로 생각하면 되니까 2억 원짜리 전세를 월세로 돌리면 5,000만 원에 45만 원 정도 또는 2,000만 원에 55만 원 정도 잡으면 맞을 거야. 전세로 살면 연 200만 원 정도는 아낄 수 있지만 투자를 해서 그 이상 수익을 낸다면 월세가 유리하지. 그런데 이건 투자를 잘할 수 있을 때, 높은 수익률을 낼 실력과 준비가 되어 있을 때 가능한 이야기이니 지금 당장 실행하기는 어려울 수도 있어.

결국 실거주 1주택을 매수한다는 목표가 있다면 돈을 모아 사느냐, 집을 사놓고 대출금을 갚아나가느냐의 차이야. 전세는 계속 움직이는 가격이고, 대출은 고정된 금액을 갚아나가는 거잖아. 집값과 전세금 상승보다 돈을 더 많이 모으고 굴릴 수 있다면 모아서 사면 되고, 그게 안 된다면 사놓고 대출금을 갚아나가면 되는 거야. 대출을 갚는 것도 돈을 모으는 거야. 은행 지분에서 내 지분으로 바꿔나가는 과정인 거지.

한 번에 내가 원하는 집, 내가 원하는 차를 사는 사람은 거의 없어. 꾸준히 아끼고 모으고 굴리고 한 단계씩 업그레이드하며 그렇게 사는 거지. 평생 이사를 한 번만 갈 건 아니잖아? 잘 고민해봐.

언젠가 살 거라면

나도 한때는 A와 비슷한 생각을 했다. 단기간에 1~2억 원, 심한 곳은 5억 원 이상 올라 '이 가격에라도 사는 게 맞나'라는 생각을 끊임없이 했다. 몇 년을 잃어버리고 손해 본 것 같다며 분통을 터뜨리는 사람들도 많았는데, 그 심정이 정말 공감되었다. 아내와 함께 월급의 70%씩 종잣돈을 모아가며 투자로 수익을 냈지만 집값 상승을 따라가기 벅찼기 때문이다.

집을 살려면 살 수는 있겠지만 원하는 집을 못 사기 때문에 사지 않는 사람도 많을 것이다. '요즘 집값, 특히 아파트값이 너무 비싸. 실거주 1주택을 마련하는 것도 벅차'라고 생각하는 사람도 많을 것이다. 실제로 현재 집값은 저렴한 편이 아니다. 연소득 대비 주택가격 비율PIR, Price to Income Ratio, 주택구입부담지수K-HAI, Korea-Housing Affordability Index 등 각종 지표가 말해준다. 그러나 실거주 1주택을 '내가 살 수 있는 집'이 아니라 '누구나 살고 싶어 하는 집'으로 설정하고 한 번에 그 목표를 달성하고 싶어 하기 때문인 이유도 분명 존재한다고 생각한다.

'나의 첫 번째 집=평생 살 집'이 아니다. 큰 유산을 물려받지 않은 사람이라면 처음에는 작게 시작할 수밖에 없는 것이 당연하다. 예전에도 20대, 30대에 내 집을 마련하는 것은 쉽지 않았다. 부모님 세대도 마음에 드는 20~30평대 아파트를 한 번에 매수한 사례가 많지 않다. 단칸방 월세부터 시작해 아끼고 모아 점차 평수를 넓혀가면서 원하는 집을 장만하는 경우가 대부분이었다. 현재도 마찬가지다. 따라서 실거주 1주택을 마련하기 위한 현실적인 방법은 눈높이를 현실, 즉 내 자금에 맞추는 것이다. 집값을 결정하는 요소들을 적어보고 자금에 맞춰 어느 정도 내려놓을 줄 알아야 나의 첫 집을 마련할 수 있다.

실거주 1주택이라도 대부분의 가정에서 부동산은 가장 큰 자산 비중을 차지할 것이다. 즉 자산으로서의 가치인 투자적인 요소를 무시할 수 없다는 의미다. 그렇기에 집값을 결정하는 요소들을 알아볼 필요가 있다. 다음 페이지의 표(166쪽)를 참고하기 바란다.

모든 요소를 갖춘 집은 비쌀 수밖에 없다. 실거주용 주택을 마련하는 것이라면 이 중 우선순위를 정하고, 마이너스 옵션 개념으로 접근할 필요가 있다. 예를 들어 삶의 질이 가장 중요하다면 직주근접성(직장와 주거와의 거리)을 우선적으로 고려할 것이며, 이때 학군과 아파트 브랜드 등은 후순위로 밀린다. 그 요소들이 빠진 만큼 주택 가격은 낮아지므로 선택지가 생긴다. 반대로 학군과 아파트 브랜드를 우선적으로 고려한다면 직주근접성을 포기해야 한다. 출퇴

구분	투자 요소 (상/중/하)	개인 선호도 (상/중/하)	최종 선택
직주근접성	상		
학군(초중고)	상		
교통(역세권)	상		
아파트 브랜드	상		
세대수, 전세가율	상		
연식	중		
평형, 구조	중		
편의시설	하		
의료시설	하		
숲, 공원	하		
주변 유해환경	하		

집값 결정 요소와 개인 선호도를 종합하여 선택하자

근 시간이 길어짐을 감수하는 생활을 해야 하는 것이다. 이렇게 한정된 자본 내에서 내 집을 마련하기 위한 생각과 선택을 해야 한다.

첫 내 집 마련을 위해 나와 아내의 직주근접성, 학군, 교통, 아파트 브랜드, 세대수, 전세가율을 고려했을 때 '내가 살고 싶은 지역'의 아파트는 잠실이었다. 그러나 당연히 불가능한 가격대였다. 그렇다면 이중 개인 선호도에 따라 몇 가지를 포기하고 '내가 살 수 있는 지역'을 선택해야 했다. 주요 요소 중 가장 포기할 만한 것은 직주근접성이였다.

아이를 낳으면 아내는 육아휴직을 할 것이고, 나 혼자만 고생하면 되기 때문이었다. 또 육아를 도와줄 수 있는 처가 식구들과 가까운 지역을 고려했을 때는 서대문구와 고양시(일산)가 후보군이었다. 서대문구는 20평대가 가능했고, 일산은 30평대가 가능했다. 평수가 넓어 삶의 질이 더 좋아질 것이라는 장점과 더불어 대출을 받아야 하는 금액도 일산이 더 적었다. 대출을 적게 받으면 당연히 내가 지닌 주식 투자자산을 덜 팔아도 됐다. 물론 일산으로 들어가면 내 직주근접성은 많이 떨어지지만, 아내의 경우 이직이 가능해 고양시 쪽에도 자리 잡을 수 있기에 일산을 선택했다. 게다가 전세가율도 70%가 넘어서 혹시나 집값이 하락해도 그 폭이 제한적일 거라 생각했다.

또한 전통적으로 집값만 안 올랐을 뿐, 1기 신도시로 계획된 도시라 학군이나 공원, 마트, 병원 등 인프라가 잘 갖춰져 있어서 실거주하면서 버티면 된다고 생각했다. 나 하나만 조금 피곤하면 나머지 가족들이 만족할 수 있는 지역이었다. 또 내가 가려는 아파트는 건축연한이 30년에 가까운 구축 아파트였기 때문에 리모델링이나 재건축 등을 기대해볼 수 있다는 장점도 있었다.

실거주 1채는 부동산의 상승과 하락 사이클로 판단하지 말고 자신의 상황과 여건에 맞게 선택해야 한다고 생각한다. 물론 부동산 하락장을 맞더라도 무조건 서울, 상급지에서 맞으라는 부동산 투자 격언도 있다. 그러나 집값이 떨어지더라도 나와 내 가족이 안전하고 행복하게 지낼 수 있는 집 한 채는 일단 구해둬야 하지 않을까? 나머지는 주식 투자로 벌면 되지 않을까? 이런 판단 속에서 내 자본 상황 속에서 할 수 있는 최선의 선택을 실행했다.

임금과 집값의 격차는 늘 존재했고, 집값은 늘 싸지 않았다. 1980년대, 1990년대, 2000년대, 2010년대에도 실거주 1주택이 없어 고통받는 사람이 늘 존재했다. 그때도 소비를 줄이고 열심히 모아야 했고, 근로소득을 자본소득으로 바꾸는 과정은 중요했다. 다만 예전에는 금리가 높았기에 예적금만 열심히 해도 충분했지만, 지금은 반드시 투자를 병행해야 하는 상황으로 바뀌었다. 시대적 변화에 따라 난이도가 올라간 것이다.

'나는 집이 필요한가?', '나는 집을 안 사는 건가, 못 사는 건가?'에 대한 답이 나왔다면 일단 내 자금에 맞는 집을 마련하자. 그래야 장기적인 투자를 위한 최소한의 주거 안정성이 확보된다. 그러고 나서 투자를 통해 자신이 원하는 집을 사도 늦지 않다. 지금 사는 집에서 60~70년 동안 살 생각을 하는 건 아니지 않은가.

할 수 있는 것, 해야 하는 것, 하면 안 되는 것

실거주 1주택에 대한 고민이 끝났다면 본격적으로 투자를 확대해나가야 한다. 투자를 하기 전에 가장 먼저 해야 할 일은 나만의 투자 원칙을 세우는 것이다. 투자 원칙은 수익을 결정하는 요소를 분석하면서 세울 수 있다. 수익을 결정하는 요소는 크게 세 가지, 즉 초기 종잣돈, 연간 평균 수익률, 투자 기간이다. 고등학교 때 배웠던 '등비수열의 합'을 기억하는가? 그걸 배울 때는 대체 이걸 언제 써먹나 했는데, 지금 그 기회가 왔다. 복리의 매력, 복리의 마법을 자산을 모으기 위한 숫자로 표현해보면, 다음과 같은 수식으로 정리할 수 있다.

$$최종\ 자산 = A(1+r)^n$$

A: 종잣돈의 크기, r: 연간 수익률(%), n: 투자 기간(년)

종잣돈, 연평균 수익률, 투자 기간의 차이

케이스 1 | 종잣돈의 크기에 따른 최종 자산, 연평균 수익률 7%

종잣돈의 크기를 5,000만 원, 1억 원, 3억 원, 5억 원으로 설정하고 25년간 투자한다면 기대수익은 얼마나 될까? 연평균 수익률을 7%로 가정하면 원금은 약 5배로 늘어난다.

종잣돈 크기	5,000만 원	1억 원	3억 원	5억 원
25년 후 기대수익	2억 7,000만 원	5억 4,000만 원	16억 3,000만 원	27억 원

케이스 2 | 종잣돈 1억 원, 연평균 수익률이 다를 경우

1억 원의 종잣돈을 25년간 투자했다. 연평균 수익률이 7%(미국 S&P500지수 기준), 10.5%(미국 S&P500지수+α), 14%(우수한 투자자, 상위 5% 이내 기준), 21%(위대한 투자자, 역사에 이름을 남긴 투자자 수준)라면 기대수익은 얼마나 될까? 다음 표를 살펴보면 복리의 엄청난 위력을 확인할 수 있다.

연평균 수익률	7%	10.5%	14%	21%
25년 후 기대수익	5억 4,000만 원	12억 원	26억 원	117억 원

케이스 3 | 종잣돈 1억 원, 연평균 수익률 7%, 투자 기간이 다를 경우

1억 원의 종잣돈을 15년, 20년, 25년, 30년간 투자한 경우를 생각해보자. 연평균 수익률은 7%로 가정한다. 투자 기간이 15년이면 2억 7,000만 원, 20년이면 3억 9,000만 원, 25년이면 5억 4,000만 원, 30년이면 7억 6,000만 원이 된다.

기간	15년	20년	25년	30년
기대수익	2억 7,000만 원	3억 9,000만 원	5억 4,000만 원	7억 6,000만 원

이 세 가지 경우를 살펴봤을 때 최종 자산에 가장 많은 영향을 미치는 변수는 무엇일까? 바로 연평균 수익률이다. 그 다음은 종잣돈의 크기, 투자 기간 순이다.

복리 투자라고 하면 많은 사람이 장기 투자의 힘, 투자 기간이 가장 중요하다고 생각하는데 우리가 목표로 하는 은퇴 시점(20~25년 내외)까지, 즉 시간이 한정되어 있는 상태에서 결과를 보면 종잣돈 1억 원 이하로는 달성이 어렵다는 결론이 나온다. 물론 매달 일정 금액을 계속 넣으면 결과는 달라지겠지만 그렇다 하더라도 초기 자산인 종잣돈의 크기와 연평균 수익률을 더 중점적으로 관리해야 한다. 우리에게 시간이 아주 많은 것은 아니기 때문이다.

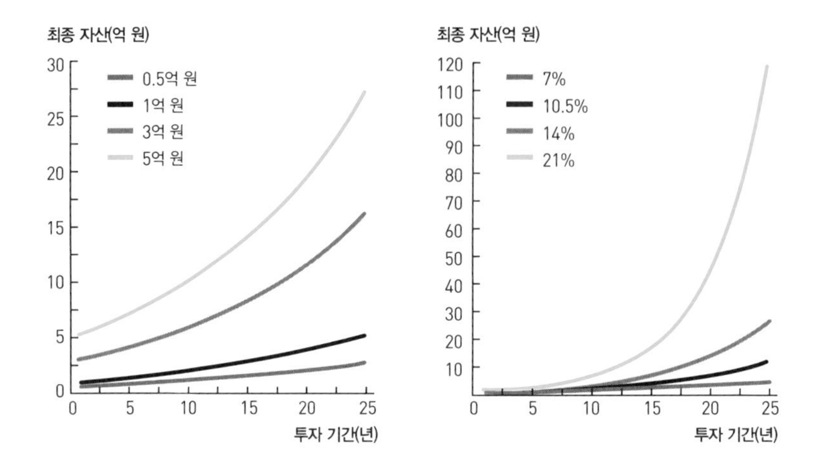

종잣돈의 크기와 연평균 수익률에 의해 좌우되는 최종 자산 크기

지금부터 해야 할 일은 종잣돈의 크기, 연평균 수익률을 결정하는 요소 중 관리할 수 있는 것과 해야 하는 것 그리고 하면 안 되는 것을 구분하고 실천하는 것이다.

앞으로 해야 할 일

1 | 종잣돈의 크기를 키우기 위해 수익은 늘리고 지출은 줄이기

수익 − 지출(비용) = 이익(잔여 이익, 투자자산으로 다시 활용)

- 수입 올리기(난이도 중)

  – 근로소득 늘리기

  – 근로 외 소득 늘리기(머니 파이프라인 늘리기)

  → 경쟁은 있지만 노력으로 가능하다.

- 지출 줄이기(난이도 하)

  – 사실 관리가 가장 쉬운 요소다.

  → 여기서 '쉽다'는 것은 '누구나 가능하다'가 아니라 '어렵지 않다'라는 의미다. 남들과 다른 특별한 기술이나 능력을 필요로 하지 않으므로 지출을 줄이는 것은 경쟁이 아닌 나의 의지와 노력만으로 달성할 수 있기 때문이다.

수입을 늘리거나 지출을 줄이는 일이 여건상 불가능하다면 향후 목표금액을 줄이거나 투자 기간을 늘리는 방식으로 해결책을 마련해야 한다. 다만, 목표 시기가 늘어나면 그만큼 근로 기간이 길어지고 은퇴 시점이 늦어질 수 있다. (머니 파이프라인에 대해서는 STEP 5에서 좀 더 자세히 다루도록 하겠다.)

2 | 시장을 초과하는 수익률을 목표로 하기

몇 년 전 서울대학교 의예과 수석 입학생의 글이 화제가 된 적이 있다.

나는 고등학교 때 학교에서 기숙사 생활을 해 주말에만 독서실에서 공부를 했다. 고3 당시, 내 주변에 나보다 공부를 잘하는 학생은 없었다. 그런데 독서실에 있는 그나마 공부 좀 한다는 학생들 중 나보다 열심히 공부하는 애들이 없었다. 내가 제일 잘하는데 제일 열심히 하다니! 그때 깨달았다. 이렇게 계속 공부하면 여기 있는 애들은 평생 나보다 높은 점수를 받을 수 없겠구나. 진짜 아이러니하지 않은가? 자기보다 공부 잘하는 사람을 이기려면 그 사람보다 더 노력해도 될까 말까 할 텐데 같은 양조차 하는 사람이 없다니. 공부 열심히 해야 한다. 여기서 말하는 '열심히'란 일반적으로 생각하는 것과는 차원이 다르다.

'열심히'의 기준이 다르다는 것! 이게 핵심이다. 스포츠로 비유하면 '프로'와 '아마추어'는 재능과 실력 면에서 격차가 매우 크다. 따라서 그 둘은 같은 경기장에서 대결하지 않는다. 만약 대결하더라도 프로에게 핸디캡을 적용한다. 서로의 실력 차이를 감안하고 불공정 시합을 한다는 의미다. 그러나 투자 세계는 어떤가. 룰은 있지만 핸디캡은 없다. 아마추어 투자자라고 해서 절대 봐주지 않는다는 뜻이다. 100만 원의 투자금을 가지고 있는 사람과 억, 조 단위 자금을 운용하는 투자기관이 투자시장에서 동시에 경쟁을 한다. 재능과 실력을 갖춘 프로가 넘치는 세상에서 초과수익(알파 추구)을 목표로 삼는 일반인이 생각보다 많다. 연평균 목표 수익률은 시장수익률보다 높은 10~15%, 시장이 좋을 때는 심지어 50%를 목표로 하는 사람도 많다.

알파 추구 자체가 잘못된 것은 아니다. 문제는 그것이 정말 가능하냐는 것이다. 물론 가능한 사람이 존재한다. 아마추어이지만 프로와 다를 바 없는 실력과 재능을 갖춘 사람이 있다. 우리가 매체 등을 통해 흔히 접하는 '슈퍼개미 투자자'가 그런 사람들이다. 금융투자협회의 통계에 따르면 2021년 3월 기준 주식 거래 계좌 수는 4,000만 개를 돌파했다. 중복으로 개설된 계좌 수가 많다 하더라도 수많은 시장 참여자가 있다는 뜻이다. 그중 슈퍼개미는 몇 명이나 탄생했을까? 자신이 그들만큼의 실력을 갖추었는지, 그들을 뛰어넘을 정도로 노력하는지 스스로에게 질문해볼 필요가 있다.

한때 성공한 투자자의 일상이 궁금해 알아본 적이 있다. 그러다 우리나라 대표 가치투자운용사 중 하나인 VIP자산운용 최준철 대표의 영상을 보게 됐는데, 정말 깜짝 놀랐다. 서울대학교 경영학과를 졸업한 뒤 1997년부터 개인 투자를 시작해 20년 이상의 경력을 가진 그분도 사업보고서가 나오는 시즌에는 밤을 새워가며 보고서를 검토했다. 그리고 경제 관련 잡지들을 탐독하고, 자신의 아이디어를 검증하고, 기업 탐방을 다녔다. 물론 그게 그분의 일(직업)이다. 하지만 우리는 경험적으로 알고 있다. 같은 직업을 가지고 있어도 능력 차이는 항상 존재한다는 사실을, 직업으로 삼고 있어도 그렇게 하지 못하는 사람이 많다는 사실을 말이다.

프로보다 더 열심히, 더 많이 공부해도 그 격차를 좁힐 수 있을까 말까 한 상황인데, 직장을 다니며 짬짬이 공부해서 국내외 기관, 슈퍼개미 투자자들을 상대로 초과수익률을 낼 수 있을까? 3~5년간 실전 투자 결과를 바탕으로 시장 대비 얼마나 초과수익을 낼 수 있는지 객관적으로 검증해볼 필요가 있다. "처음 3~5년간은 시장을 따라잡지 못한다 해도 나중엔 시장을 이길 수도 있지 않을까?"라고 반문하는 사람이 있을 수도 있다. 그런데 투자 초과수익이라는 것은 상대적이다. 내가 노력하는 동안 나보다 앞선 사람들은 놀고 있겠는가? '토끼와 거북이' 이야기를 알고 있을 것이다. 토끼가 게으름을 피워 거북이가 승리를 거둔 것은 우화 속에서나 가능한 일이다.

게다가 잘하는 사람은 더 열심히 한다. 물론 알파(시장초과수익률) 추구를 위해 끊임없이 노력하는 것은 좋다. 다만, 투자 대가들의 방법을 그대로 따라 하는 것은 어렵거니와 따라 하더라도 그들을 이기는 것은 정말 힘들다는 말을 해주고 싶다. 장밋빛 희망을 갖기보다는 현실적인 대안을 수립하는 것이 우리에게는 더 필요하다. 거북이가 계속해서 토끼를 이기려면 달리기를 죽어라 연습할 수도 있지만 수영 등 본인에게 유리한 종목으로 대결하는 방법도 있다. 시장을 이기지 못한다고 해서 부자가 될 수 없는 것은 아니다. 자신이 잘할 수 있는 방식으로 부를 향해 달려가면 가능하다. 이런 고민과 함께 자기 능력에 대한 객관화, 냉철한 현실 자각이 필요하다.

3 | 투자 기간 늘리기

투자 기간을 늘리면 복리효과를 극대화(예상 난이도: 하, 실제 난이도: 중상)할 수 있다. 얼핏 생각하기에는 가장 쉬운 목표 같다. 그런데 스스로에게 질문해보자.

'예적금을 (중도 해지하지 않고) 만기까지 가져간 적이 몇 번이나 되는가?'

'장기 저축성 보험 등의 상품을 만기까지 가져간 적이 몇 번이나 되는가?'

이 두 질문에 '그런 적 없다. 끝까지 잘 유지했다'라고 답한다면 장기 투자에 소질이 있다고 생각해도 된다. 인생에는 다양한 변수가 존재하므로 장기 투자를 하려면 상당한 노력이 필요하다. 시간은 개인이든 기관이든 공평하게 흐른다. 최준철 대표는 '시간 차익거래Time Arbitrage'를 중요하게 생각한다. 가치 있는 것에 투자한 뒤 기다려 수익을 낸다는 의미다. 《안전마진》의 저자 세스 클라만Seth Klarman은 복리와 투자에 대해 이렇게 말했다.

"일관성과 인내심을 가지는 것이 중요하다. 참으면 참을수록 복리는 더더욱 당신의 편이 될 것이다."

우수한 사업과 경제적 해자를 갖춘 기업을 찾았다면 일관성을 가지고 장기적으로 꾸준히 투자해 복리효과를 누리라는 의미다.

지금까지의 내용을 요약하면 다음과 같다.

- 가장 먼저 해야 하는 일: 종잣돈 늘리기(지출 통제, 수입 올리기)
- 꾸준히 해야 하는 일: 투자 기간 늘리기(투자 일찍 시작하기, 유지하기)
- 평생 죽어라 노력해야 하는 일: 초과수익률, 알파 추구(r의 증가)

주변을 살펴보면 종잣돈과 투자 기간을 늘릴 노력을 하기보다는 무리하게 알파를 추구하다 실패한 사람이 매우 많다(탐욕, 급등주, 테마주 트레이딩, 무리한 레버리지 사용 등). 나는 초기 준비 및 실전 투자 단계에서 시장보다 약간 높은 수익률(연평균 10%대)을 올렸지만 이보다 높은 수익률을 추구하기보다는 현실적으로 가능한 종잣돈 키우기에 집중했다. 내 능력과 여러 상황을 두고 고민한 결과, 이게 한계라는 결론이 내려졌기 때문이다. 자신이 할 수 있는 바를 생각해보고 현실에 맞는 목표를 정해 움직이는 것! 이것이 바로 내가 찾은 투자의 답이다.

시장수익(베타) 투자자가 알아야 할 것들

시장 초과수익률을 목표로 하는 것을 '알파 투자', 시장수익률 정도를 목표로 하는 것을 '베타 투자'라 한다. 종종 이렇게 말하는 사람들이 있다.

"7~8% 정도의 시장수익률을 내는 게 목표라면 주식 투자를 대체 왜 해?"

물론 단기적으로는 트레이딩 방식으로 시장보다 훨씬 높은 수익률을 내는 것이 가능할 수도 있다. 그러나 경험이 쌓이다 보면 중장기적으로 시장수익률인 주가지수를 이기는 것도 결코 쉽지 않다는 사실을 체감할 수 있을 것이다. 따라서 주식 투자 공부를 하면서 투자를 시작하는 단계에서는 실전 투자 경험과 지식을 쌓으며 시장수익률을 목표로 하는 베타 투자를 우선적으로 지향해야 한다. 투자의 대가들이 공통적으로 하는 조언이 있다.

"주식 시장은 장기간 우상향하므로 시장을 떠나지 말고(투자를 중단하지 말고) 시장에 남아 장기간 투자하며 복리가 주는 마법의 수익률을 꾸준히 얻는 것이 좋다."

베타 투자의 핵심은 무엇일까? 바로 시장수익률을 안정적으로 추구하는 것이다. 자산 포트폴리오를 만들어 변동성을 줄임으로써 투자를 포기하지 않고 장기간 유지할 수 있게끔 만들어주는 안전장치를 마련하는 것이다. 이렇게 장기적으로 투자 시장에서 복리 효과를 오래오래 누리는 데 도움을 주는 투자법이 자산배분 포트폴리오를 이용한 베타 투자 전략이다.

변동성을 줄이는 방법

변동성을 줄이는 것이 왜 중요할까? 크게 두 가지 이유가 있다. 첫째, 실제로 투자할 때 멘탈 관리 측면에서 큰 도움이 된다. 장기적으로 주식에 투자하면 결국 큰 수익을 얻을 수 있다는 사실은 과거 주가 차트만 봐도 알 수 있다. 그러나 주식시장이 장기적으로 우상향한다는 것을 알고 있어도 단기적 변동성, 급락을 견디기는 매우 어렵다.

2020년 초반 코로나19로 주식시장은 혼란에 빠졌다. 한 달 만에 주가지수가 40% 급락하기도 했다. 이런 상황에 자신이 몇 년간 모은 모든 돈이 주식에 들어가 있다면 손실을 감내할 수 있을까? 만약 2억 원을 투자했다면 그중 8,000만 원이 단 30일 사이에 증발해 버렸을 것이다. 그런데 그 돈이 전세금을 빼면서까지 투자한 것이라면? 이런 손실의 고통을 견디지 못한 투자자들은 눈물을 훔치며 보유 주식을 손절(손실 확정 매도)했다. 현금으로만 투자했다면 그나마 다행이지만, 대출(레버리지)을 활용해 투자한 경우에는 레버리지 비율만큼 같이 하락했으므로 심리적 고통은 더 컸을 것이다. (레버리지 투자의 양면이다. 상승의 수익 기쁨도, 하락의 손실 고통도 모두 레버리지 효과로 다가온다.)

그나마 개인 신용대출 등의 레버리지 상품은 개인 신용이 담보이기 때문에 근로소득에 문제가 없다면 유지할 수 있었겠지만, 증권사 레버리지 상품(주식담보대출, 미수)을 이용한 투자자는 상황이 달랐다. 증권사 레버리지 상품의 경우 담보인 주식의 가격이 하락하면 본인 의지와 상관없이 매도해 담보비율을 채워야 한다.

투자 원금이 1,000만 원이라고 가정해보자. 레버리지를 사용하지 않는다면 원금 1,000만 원 만큼의 주식을 매수할 수 있는 반면, 증권사 레버리지를 사용하면 2,000만 원까지 매수할 수 있다. 이때 주식이 상승하면 원금 수익률의 2배만큼 수익이 나겠지만, 반대로 하락하면 2배만큼 손실이 불어난다. 게다가 증권사별로 차이는 있지만, 평균적으로 주식담보비율은 140% 수준이다. 즉 2,000만 원을 들여 매수한 주식이 30% 하락해 1,400만 원(원금의 140%) 수준이 되면 담보비율 확대(내 돈을 더 넣어 담보비율을 맞춤) 또는 대출 회수 요청이 들어온다. 이를 채우지 못할 경우 강제로 담보인 주식을 매도 처리해 대출을 회수하는데, 이를 반대매매 또는 마진콜이라고 한다. 지난 급락장에서 대출을 무리하게 이용한 투자자들은 보유 주식이 강제로 청산되며 시장에서 아웃(투자 중단)되는 아픔을 겪었다.

2020년 하반기에 주식시장 수익률이 좋아 대출, 레버리지 효과를 활용하고 싶어 하는 투자자가 많았다. 그러나 장기간 투자하는 동안 주식시장에는 여러 가지 일이 발생할 수 있다는 사실을 늘 염두에 두어야 한다. 변동성을 줄이는 투자를 하면 이와 같은 상황을 예방하고 심리적으로 안정감을 주기 때문에 장기적으로 투자하는 데 도움이 된다.

둘째, 변동성을 줄이는 것은 장기적으로 투자수익률 향상에 큰 도움이 된다. 복리는 '산술평균'이 아닌 '기하평균'이다(덧셈, 뺄셈이 아닌 곱셈의 개념). 1억 원을 투자해 한 번은 10%의 수익을 내고, 한 번은 −10%의 손실을 기록했다고 가정하자. 그렇다면 현재 내 손에 있는 돈은 그대로 1억 원일까? 그렇지 않다. 1억 원은 9,900만 원이 되어 있을 것이다.

손실률(%)	손실 복구에 필요한 수익률(%)
−10	11
−20	25
−30	43
−40	67
−50	100
−60	150
−70	233
−80	400
−90	900
−100	복구 불가

손실을 만회하기 위해 얼마가 필요할까

이러한 현상은 수익과 손실의 변동 폭이 커질수록 더 극명해진다. 위의 표를 보자. 초기 −10% 구간에서 손실 복구에 필요한 수익률은 11%로, 손실률과 차이가 크지 않다. 그러나 −20%, −30%로 손실 폭이 커질수록 손실 복구에 필요한 수익률도 커진다. 흔히 말하는 반 토막, 즉 −50% 손실을 기록하면 복구에는 무려 100%의 수익률이 필요하다. 심지어 −80%에서 −90%로 손실이 늘어나면, 이는 단순히 −10%가 추가된 것이 아니다. −80%에서 반 토막이 더 나야 −90%가 되기 때문이다. 예를 들어 1,000만 원을 투자했는데 −80%가 되었다면 잔액은 200만 원, −90%가 되었다면 잔액은 100만 원이 된다.

나는 주식시장 연평균 수익률을 7%로 설정했는데, 이 경우에도 변동성을 줄이는 것이 수익률 면에서 큰 차이가 난다. 예를 들어 한 해는 14%의 수익을 내고, 다음 해에는 -7%의 손실을 내 산술적으로 7%의 수익을 내는 경우와 매년 꾸준히 7%의 수익을 내는 경우를 비교해보면 쉽게 이해할 수 있다. 산술적으로 두 경우 모두 평균 수익률은 7%다. 그런데 10년간 이런 식으로 투자했다면 누적 수익률은 얼마나 차이가 날까?

10년 뒤 누적 수익률은 33.9%와 96.7%로 3배 가까이 차이가 난다. 이것이 손실을 최대한 줄이며 안정적인 수익률을 추구해야 하는 이유, 투자의 대가들이 잃지 않는 투자를 하라고 강조하는 이유다. 투자 포트폴리오를 구성할 때는 수익률과 변동성 관리를 고려

투자 기간(년)	14%,-7% 반복 누적 수익률(%)	매년 꾸준히 7% 누적 수익률(%)
초기	100	100
1	14	7
2	6.0	14.5
3	20.9	22.5
4	12.4	31.1
5	28.1	40.3
6	19.2	50.1
7	35.9	60.6
8	26.3	71.8
9	44	83.8
10	33.9	96.7

손실을 최소화하는 것이 중요한 이유: 누적수익률의 차이

해야 한다. 현금, 예적금만 가지고 있다면 이 돈들의 현재값, 가치의 변동성은 거의 없겠지만 기대할 수 있는 금리, 수익률도 낮을 것이다. 낮은 변동성 면에서는 우수하지만 자산배분 측면에서 보면 자산배분이 전혀 되어 있지 않은 포트폴리오라고 볼 수 있다.

자산배분형 포트폴리오

투자 포트폴리오를 어떻게 구성해야 변동성을 줄이고 안정적으로 수익률을 높일 수 있을까? 음(-)의 상관관계를 갖는 자산군을 함께 담는 '자산배분형 포트폴리오'를 만들어야 한다. 일반적으로 자산은 위험자산과 무위험자산으로 분류할 수 있다. 위험자산은 미래의 원금과 수익률을 알 수 없는 자산, 무위험자산은 미래의 원금과 수익률을 알 수 있는 자산으로 정의한다. 미래가치를 계산할 수 없는 주식, 부동산이 대표적인 위험자산이며, 미래가치를 계산할 수 있는 예적금, 채권이 대표적인 무위험자산이다. 예적금은 만기까지 유지 시 약정 계약에 해당하는 원금과 이자를 확정적으로 돌려받을 수 있다. 채권도 마찬가지로, 만기까지 유지 시 원금과 약정된 채권 이자를 받을 수 있다.

그렇다면 무위험자산은 안전자산일까? 사전적 정의와 실제 투자에서의 의미는 차이가 있다. 이런 경제뉴스 기사를 본 적이 있을

종류	위험자산	무위험자산
의미	자산의 미래가치를 정확히 알 수 없는 자산	자산의 미래가치를 정확히 알 수 있는 자산
예시	주식, 부동산, 원자재 등	예적금, 국가 발행 채권(만기까지 보유 시)

투자자산으로서의 위험자산과 무위험자산 정의

것이다.

'대내외적 불확실성 확대로 위험자산 회피! 안전자산인 금 가격 상승!'

'원/달러 환율이 급등함에 따라 종합주가지수 큰 폭으로 하락!'

증시가 불안할 때 국채 가격이 상승하는 것은 이해가 되는데, 왜 금 가격도 같이 오르는 걸까? 정의에 따르면 금은 무위험자산(안전자산)이 아닌데 말이다. 금은 가격도 변하고, 확정이자도 없고, 변동성도 큰데 왜 안전자산으로 취급받는 걸까? 이는 '주식시장이 불안하니 주식 가격이 하락할 것이고, 이를 만회하기 위해 주식과 가격이 반대로 움직이는 자산의 수요가 늘었다'라고 이해할 수 있다. 원/달러 환율도 마찬가지다. 즉 금융시장에서의 안전자산은 '주식과 음의 상관관계를 갖는 자산'이라고 이해할 수 있다.

다음 페이지(187쪽)의 표는 주요 자산군의 종류와 상관관계를 보여준다. 한국 코스피지수와 음의 상관관계가 큰 자산군은 한국 채권, 달러, 미국 국채다. 한국 아파트와 음의 상관관계가 큰 자산군은 미국 주가지수인 S&P500과 미국 정크본드(Junk bond, 신용등급이 낮은 회사의 채권)다. 그 외 회사채, 미국 리츠(부동산 투자 펀드), 글로벌 인프라 등 각종 지표와의 상관관계를 참고해보기 바란다.

한국 주식을 많이 보유했다면 한국 채권과 달러, 미국 국채를 포트폴리오에 함께 편입하고, 한국 부동산 비중이 크다면 미국 S&P500 주식, 미국 회사채, 달러 현금을 함께 보유하면 변동성을 줄이는 데 도움이 된다. 국내 투자만 하는 사람의 기본 구성은 주식과 국채이고, 해외 자산을 포함한다면 국내 주식과 미국 국채, 국내 아파트, 미국 주식, 달러 보유가 기본 구성이 된다. (전통적인 자산배분 방식은 6:4다. 주식 60%, 주식과 음의 상관관계를 갖는 국채 등의 자산군 40%)

자산배분을 하면 변동성이 줄어든다는 것은 알았고, 그렇다면

	코스피	국공채	회사채	전국 아파트	달러/원 환율	S&P 500	미국 국채	미국 정크본드	미국 리츠	EM 주식	글로벌 인프라	헤지 펀드
코스피	1.00											
국공채	-0.77	1.00										
회사채	0.02	0.75	1.00									
전국 아파트	0.42	0.28	0.26	1.00								
달러/원 환율	-0.65	0.19	0.26	-0.26	1.00							
S&P500	-0.08	-0.17	-0.44	-0.67	-0.17	1.00						
미국 국채	-0.59	0.30	0.35	-0.12	0.96	-0.33	1.00					
미국 정크본드	-0.40	0.03	0.29	-0.59	0.37	0.24	0.34	1.00				
미국 리츠	0.40	0.08	-0.23	-0.08	-0.58	0.58	-0.55	-0.01	1.00			
EM 주식	0.67	-0.02	-0.05	-0.07	-0.44	0.21	-0.40	0.01	0.37	1.00		
글로벌 인프라	0.48	-0.06	-0.27	-0.19	-0.44	0.44	-0.41	-0.14	0.47	0.79	1.00	
헤지 펀드	-0.37	0.30	0.10	-0.03	0.60	-0.01	0.61	0.26	-0.31	0.04	0.08	1.00

주요 자산군의 종류와 상관관계

기대수익률은 어떻게 될까? 세 가지 포트폴리오를 만들어 과거의 변동성과 누적 수익률을 검토해보았다. 시기는 2006년 1월부터 2020년 12월까지로 잡았다. 이 시기에는 글로벌 금융위기(2008년)와 코로나19(2020년)가 포함되어 있다.

포트폴리오 1: 미국 S&P500(주식 100%)

포트폴리오 2: 미국 S&P500, 미국장기국채(주식 60%, 채권 40%)

포트폴리오 3: 미국 S&P500 30%, 미국장기국채 40%, 미국중기국채 15%

(미국부동산 7.5%, 금 7.5%)

포트폴리오	연평균 수익률	연 최고 수익률	연 최고 손해율	최대 하락 폭
1	9.8%	32.31%	−36.81%	−50.8%
2	9.68%	24.38%	−8.51%	−24.6%
3	8.62%	19.73%	−2.44%	−13.9%

연평균 수익률은 '포트폴리오 1'이 가장 좋다. S&P500지수, 주식 100%의 구성이다. 그런데 연평균 수익률이 좋음과 동시에 연 최고 손해율과 최대 하락 폭이 큰 것을 확인할 수 있다. '포트폴리오 2'는 주식 60%, 채권 40%의 구성이다. 주식과 음의 상관관계를 갖는 채권을 포함한 것이다. '포트폴리오 2'의 경우 연평균 수익률은 소폭 감소한 반면, 연 최고 손해율과 최대 하락 폭은 크게 감소한 결과를 보여주었다. 즉 포트폴리오의 수익률은 지키며 변동성은 줄인 결과값을 얻은 것이다. '포트폴리오 3'은 주식과 채권뿐 아

니라 부동산, 금과 같은 다양한 상품군을 포함한 구성이다. 그 결과, 연평균 수익률은 8.62%로 우수하면서 연 최고 손해율과 최대 하락 폭은 매우 크게 낮아지는 이상적인 결과값을 보였다. 이러한 특징이 자산배분 포트폴리오의 강점이다.

물론 변동성을 감수하더라도 최대 수익률을 목표로 하는 투자자들은 주식 100%의 포트폴리오가 적합하다. 그러나 투자를 이제 막 시작한 초보 투자자들, 투자 경험이 짧거나 손실을 견디기 힘들어 하는 투자자에게는 자산배분형 포트폴리오를 권한다. 나 역시 개인연금 계좌와 자녀투자용 계좌는 자산배분형 포트폴리오를 활용해 투자를 진행하고 있다.

올웨더 포트폴리오

경제는 경기의 호황과 불황, 물가 상승과 하락 요소들이 어우러져 이루어진다. 호황 후엔 불황이 오고, 물가가 오르면 이후 내리는 등 순환하는 성격을 보인다. 이를 경제에도 봄, 여름, 가을, 겨울이 있다고 표현한다(증시의 4계절). 다양한 경제 구간을 지나가더라도 시장에 남아 투자, 자본주의의 복리를 누리자는 것이 '포트폴리오 3', 경제 용어로 '올웨더 포트폴리오 자산배분 전략'이다.

	경기	물가
상승	[호경기] 성장주, 회사채, 부동산, 원자재	[인플레이션] 원자재, 부동산, 물가연동채권
하락	[불경기] 미국 채권, 물가연동채권	[디플레이션] 미국 채권, 달러 자산주

올웨더 자산배분 포트폴리오 전략 기본 구성 원리

호경기에는 높은 성장을 보이는 회사의 주식(성장주), 회사채, 부동산, 원자재의 수익률이, 불경기에는 미국 채권, 물가연동채권 등의 수익률이 좋았다. 인플레이션 상황에서는 실물자산인 원자재와 부동산, 물가연동채권의 수익률이, 디플레이션 상황에서는 보유자산이 많은 회사의 주식(자산주), 미국 채권, 달러(현금)의 수익률이 좋았다. 이러한 네 가지 국면을 모두 고려해 분산투자함으로써 변동성은 줄이고 수익을 확보하는 것이 올웨더 자산배분 포트폴리오 전략의 토대이자 기본 구성 원리다.

단 이 구성이 완전무결한 정답은 아니다. 시장수익을 추구하며 수익률을 조금 더 향상시키기를 원하는 투자자들은 자산배분 포트폴리오에 대한 공부와 실전 투자를 꾸준히 병행할 필요가 있다.

시장초과수익(알파) 투자자가 알아야 할 것들

벤자민 그레이엄Benjamin Graham, 필립 피셔Philip Fisher, 존 네프John Neff, 워런 버핏, 피터 린치는 시장초과수익률을 낸 위대한 투자 대가들이다. 과연 그들은 어떤 방식으로 초과수익을 낸 것일까? 대중 투자자와 다르게 행동한 것에 그 답이 있다. 사실 생각해보면 당연한 이야기다. 유행하는 기업의 주식, 남들이 다 매수하는 주식을 같은 비율로 비슷한 시기에 매수한다면 시장수익률을 초과하는 결과를 절대 얻을 수 없을 테니 말이다. 대가들이 대중 투자자와 다르게 행동해 알파 수익을 낸 방법을 정리해보니, 크게 세 가지 경우로 분류할 수 있었다.

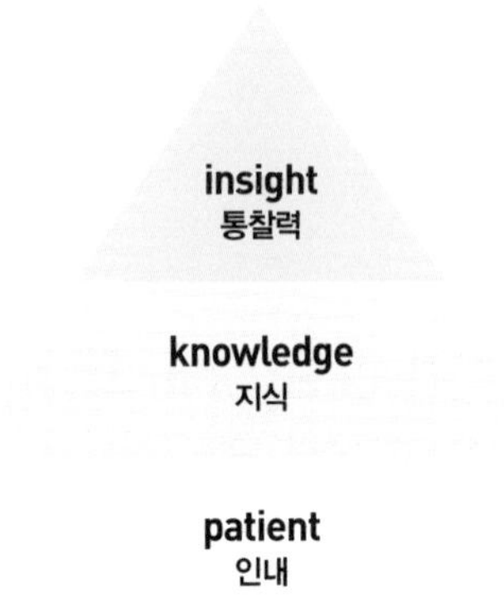

insight
통찰력

knowledge
지식

patient
인내

알파 수익을 만들어주는 3대 요소: 통찰력, 지식, 인내

투자 통찰력(인사이트)의 알파

시대를 바꾸는 혁신 기술, 사람들의 생활을 바꾸는 서비스에 선제적으로 투자하는 경우다. 대중 투자자의 열광을 받지만 결국 살아남는 기업은 소수다. 이 소수 생존 기업(승자독식 기업)들이 대부분의 부를 독차지하고, 기업의 가치와 주가는 10~20년간 수백 배 이상 오른다.

2000년대 초반 인터넷 서비스가 보급되며 닷컴버블이 불었을 때 전 세계적으로 엄청나게 많은 인터넷 서비스 관련 기업이 있었지만 버블이 꺼지자 대부분 사라졌다. 하지만 살아남은 아마존, 구글, 마이크로소프트, 페이스북, 네이버, 카카오 등의 기업은 수백 배 이상 성장하며 장기적으로 투자한 주주들에게 큰 수익을 안겨 주었다. 스마트폰 사업도 마찬가지다. 애플의 아이폰 등장 전후로 시대가 완전히 달라졌다. 전통의 강자였던 노키아, 모토로라는 변화를 따라가지 못하고 결국 몰락했다.

앞으로 사회를 바꿀 만한 산업(바이오, 헬스케어, 전기차, 수소차, 자율주행, 신재생에너지, 우주 산업 등)에 많은 기회가 있을 것이다. 그러나 과거와 마찬가지로 결국 일부 기업의 승자독식 체제로 마무리 될 것이다. 스스로에게 질문을 던져보라.

'나는 그 승자가 누구인지 알 수 있는 통찰력의 소유자인가?'

수많은 기업 중 2~3곳을 골라 투자하면서 모두 잭팟이 터지기를 기대하는 것은 무리다. 대신 가능성을 지닌 기업 후보군을 여러 개 찾아 분산투자를 진행한다면, 10~20개 기업 중 하나만 제대로 적중해도 하나의 승자 기업이 나머지 기업들의 손실을 만회해줄 것이다. 혁신적인 기업을 찾고 그 후보군에 분산투자하는 것이 현실적인 투자 방식이다.

손정의 회장이 이끄는 소프트뱅크 등 벤처캐피탈 회사가 주로 이러한 투자 방식을 추구한다. 소프트뱅크는 '비전펀드'라는 이름으로 혁신적인 벤처 기업들에 투자한다. 과거 야후, 알라바바 등에 투자해 5,000배 넘는 투자수익을 거두었다. 물론 손정의 회장이라고 해서 모든 투자에 성공한 것은 아니다. 2000년대 초반 닷컴버블이 불었을 때 미국 최대 IT 회사 중 하나인 AOL에 투자했다가 막

대한 손실을 입은 적도 있고, 최근 공유 사무실 서비스인 위워크에 투자했다가 쓴맛을 보기도 했다. 그러나 장기적으로 큰 투자 성공 사례를 꾸준히 만들어냈기에 성공한 투자자라 할 수 있다. 최근 미국 나스닥 시장에 상장한 쿠팡에도 투자하며 벤처캐피탈 운용을 활발히 하고 있다

물론 개인 투자자가 이렇게 큰 자금을 오랜 기간 투자하는 것은 어려운 일이다. 그러나 알파를 추구하는 투자자라면 평생 투자하는 기간 동안 제대로 된 기업을 한두 곳만 찾아내도 경제적 자유를 이룰 수 있으므로 투자금의 일부, 약 10% 정도는 그러한 기업에 투자하는 것도 한 방법이다.

나는 투자금의 약 10%를 비상장주식에 투자하고 있다. 예전에는 투자증권사, 벤처캐피탈, 사모펀드 등의 기관 및 외국인 투자자들이 주로 비상장주식에 투자했는데, 최근에는 개인 투자도 늘어나고 있는 추세다.

비상장주식의 장단점은 명확하다. 우선 단점은 기업에 대한 정보 부족(비대칭성)과 낮은 환금성 그리고 세금이다. 증시에 상장되어 있는 기업(코스피, 코스닥)들에 비해 증권사의 리포트, 기술보고서, 기업 소개 자료 등이 부족하다. 그래서 개인이 직접 정보를 찾아야 하는데 정보 수집 및 분석 측면에서 불리한 점이 있다. 또한 상장 기업과 달리 실시간 거래가 어렵기 때문에 환금성이 떨어진다. 세금적인 측면에서도 국내 상장주식의 경우 거래에 따른 세금

(거래세)만 내면 되는 반면, 비상장주식의 경우에는 250만 원을 공제한 나머지 차익에 대해 양도세가 부과된다. 하지만 성장하는 기업의 초기 단계에 투자함으로써 투자 성공 시 높은 기대수익률을 얻을 수 있다는 장점이 있다. 기술집약적인 IT/게임, 바이오, 헬스케어 등 벤처 기업들의 경우 초기에는 매출이 거의 발생하지 않지만, 사업이 성공할 경우 이익 성장이 매우 크고 가파르기 때문에 주식시장의 기업가치도 큰 폭으로 상승할 수 있다. 당연한 말이지만 반대로 투자에 실패할 경우 원금이 크게 훼손될 수 있다.

부동산 거래에 비유하면 상장주식은 아파트를 매매하는 것이고, 비상장주식은 재개발, 재건축, 경매 등에 투자하는 것이다. 아파트의 경우 해당 가격에 대한 판단이 비교적 쉽고, 거래가 잘되는 편이다. 반면 재개발, 재건축, 경매 등의 투자는 기대수익성이 큰 만큼 초보자가 접근하기 어렵고, 투자법에 대한 이해가 높아야 하며, 기간이 오래 소요될 수도 있다.

처음 부동산 투자를 하는 사람은 보통 재개발, 재건축 투자를 우선순위에 놓지 않는다. 이와 마찬가지로 처음 주식 투자를 한다면 상장주식이나 자산분배 투자를 먼저 시작하고 향후 어느 정도 실력과 경험이 쌓였을 때 비상장주식 투자를 시작하는 것도 한 가지 투자 옵션이 될 수 있다.

지식과 이해의 알파

발전이 더딘 산업, 사양 산업, 시장의 관심을 받지 못하는 산업과 기업의 향후 가능성을 깊은 지식과 이해를 통해 먼저 알아보고 투자해 큰 수익을 거두는 경우도 있다. 보유 자산은 많은데 성장 가능성은 떨어져 시장에서 제대로 평가받지 못하고 있는 기업이 보유 자산을 활용해 신규 사업에 투자하는 경우가 대표적이다. 일반 화학회사가 2차전지 소재회사로 변경하는 경우, 기존 소재 기업이 수소연료전지 관련 사업을 진행하는 경우 등 신규 사업이 회사의 성장 동력으로서 매출에 기여하면 기업가치가 달라진다.

건설, 조선, 철강 등 우리나라를 이끌었던 중공업 산업도 성장성이 떨어진다는 이유로 시장에서 평가 절하되었던 경우가 많았다. 이러한 산업이 세계적 투자 수요 사이클에 의한 인프라 투자 증가와 함께 실적이 개선되고 기업가치도 재평가되며 주가가 크게 오르기도 한다. 이러한 변화를 다른 사람보다 먼저 파악하고 선제적으로 투자하면 알파를 추구할 수 있다. 특히 자신이 종사하는 분야나 산업에 대한 이해도가 높다면 이러한 강점을 활용해 투자 아이디어를 얻고 성공 사례를 만들 수 있다.

라쿤자산운용 홍진채 대표는 《주식하는 마음》을 통해 '기관, 외국인 투자자보다 개인 투자자가 잘할 수 있는 영역이 있다'라고 이야기했다. 여기서 핵심은 '기관, 외국인 투자자보다 개인 투자자가 잘한다'가 아니라 '잘할 수 있는 영역이 있다'는 것이다. 몇 가지 사례를 통해 생각해보자.

우선 전공자나 현업 종사자의 경우, 보편적으로 해당 산업에 대한 지식과 이해가 일반 사람들보다 높다. 나에게는 당연한 상식이 남들에게는 어려운 영역일 수 있다. 나는 대학 때 화학공학을 전공해 화학, 고분자 소재, 석유의 분리, 정제에 대한 지식과 이해가 비전공자들보다 높다. 일반 투자자들이 해당 기업이 가진 기술이나 소재의 특성들을 기업 리포트나 분석 자료를 기반으로 공부할 때 이미 머릿속에 입력된 지식을 바탕으로 좀 더 깊이 이해할 수 있어 유리하다. 특정 산업에 대한 지식과 이해가 있으면 해당 기업이 보유한 경쟁우위를 객관적으로 파악하기 쉽다. 우수한 기술을 가진 기업은 좋은 이익률을 꾸준히 만들어낼 수 있기에 실적과 주가가 상승할 가능성이 크고, 반대로 현재는 괜찮지만 따라잡히기 쉬운 기술이라면 그 이익이 유지되기 어렵다는 사실을 발견하기 용이할 것이다.

전공자나 현업 종사자가 아니더라도 취미나 관심사와 연결되어 좀 더 깊이 있고 의미 있는 분석과 투자가 가능한 영역들도 있다. 게임 산업의 경우 아무리 정보가 많은 기관, 외국인 투자자라 할지라도 출시될 게임이 시장에서 흥행할지, 게이머들의 기대감과 반응이 어떨지 예측하는 것은 매우 어렵다. 그렇다면 게임을 좋아하고 실제 출시될 게임의 베타테스트에 참여할 정도로 열정 있는 유저이자 투자자의 경우는 어떨까? 리포트만을 보는 투자자들보다 흥행 판단에 유리할 수 있다.

IT 기기, 자동차 등 실제 사용할 수 있는 제품들을 주력으로 판매하는 기업에 대한 분석도 마찬가지다. 제품 개발자들의 기대를 뛰어넘는 판매 성과를 내는 제품도 있을 것이고, 반대로 기대와 달리 저조한 판매 실적을 기록하는 제품도 있을 것이다. 사실 이런 결과는 제품 출시 이전에 디자인, 스펙 등을 공개했을 때 유저, 동호회 커뮤니티 등의 반응을 보면 알 수 있는 경우도 많다. 자신의 전공 분야, 자신이 관심 있는 것, 좋아하는 것 등 내가 다른 사람들보다 깊은 지식과 이해를 가진 분야에 투자함으로써 얻을 수 있는 초과수익, 알파 투자의 기회를 찾아보자.

인내의 알파

남들보다 더 낮은 가격에 그리고 더 길게 보유하는 인내를 바탕으로 투자할 수도 있다. 투자는 현재 또는 미래의 가치보다 낮은 가격에 투자해 기업의 내재가치에 수렴했을 때 그 수익을 얻는 행위라 할 수 있다. 따라서 '수익 여부는 매수 시점에, 수익 크기는 매도 시점에 결정된다'를 투자 원칙으로 삼아야 한다. 수익금은 단순하게 '(매도가−매수가)×보유 수량'으로 표현할 수 있지만 이를 실천하는 사람은 드물다. 워런 버핏은 이에 대해 이렇게 말했다.

"주식시장은 인내심 없는 사람의 돈을 인내심 있는 사람에게 이동시키는 도구다."

이는 주식을 가치보다 비싼 가격에 매수하지 않는 인내와 싼 가격에 매수했더라도 쉽게 팔지 않는 인내 모두를 의미한다.

주식시장의 가장 큰 장점은 손실 폭은 원금의 손실, 즉 최대 −100%이지만, 상승 폭은 기업 성장에 따라 수십, 수백 배 이상 될 수 있다는 것이다. 하지만 사람 심리는 불안을 회피하도록 설계되어 있어 이익은 빠르게 실현하고 손실은 회피한다. 이익이 얼마 되지 않지만 팔아버리고, 이미 잃은 것에 대해서는 막연한 희망을 가지고 버티다가 더 많이 잃기도 한다. 피터 린치는 "꽃을 뽑아 잡초에 물을 주는 행위를 하지 마라"라고 강조했다. 기업가치와 상관없이 단순히 수익을 내는 기업 주식을 매도해 손실 중인 주식을 매수하는 실수를 범하지 말라는 뜻이다.

주식 가격은 '기업가치+투자자의 심리'다. 투자자의 심리에 따라 가치보다 돈을 더 벌 수도, 반대로 돈을 더 잃을 수도 있다. 투자의 대가들은 이런 상황이 인내하지 못하고 빠르게 수익을 내고 싶은 탐욕에서 비롯된다고 강조한다. 이러한 심리를 관리하고 인내할 수 있는지를 결정하는 '인내의 알파'가 수익의 크기를 결정하는 요소가 된다.

이외에도 '다른 투자자들과 비교했을 때 나의 강점은 무엇인가?'

를 알고 갈고닦는 모든 과정이 알파를 위한 활동이라 할 수 있다. 나는 알파 투자자가 될 수 있는지 스스로에게 질문해보자.

주식 투자는 도박일까?
질문이 틀렸다

"주식이랑 도박이랑 다른 게 뭐야?"라는 이야기를 한 번쯤 들어봤을 것이다. 반은 맞고, 반은 틀렸다. 도박이라고 다 같은 도박이 아니기 때문이다. 무슨 말이냐고? 카지노를 떠올려보자. 카지노에는 순전히 운으로만 하는 게임도 있고, 실력이라는 요소가 들어가는 게임도 있다. 마이클 모부신Michael Mauboussin은 《운과 실력의 성공 방정식》을 통해 운과 실력의 영역을 명쾌하게 설명했다.

'일부러 질 수 있다면 실력이 작용하는 영역이고, 지는 것을 결정할 수 없다면 운의 영역이다.'

슬롯머신, 룰렛 게임 등은 100% 운의 영역이다. 슬롯머신, 룰렛 게임에서 일부러 질 수 있는가? 기기를 조작하지 않는 한 불가능하다. 고정된 확률에 의해 승패가 결정되기 때문에 게임을 시행하는 자(겜블러)가 승패에 관여할 수 있는 요소가 없다. 따라서 운에 따라 연속으로 이기거나 질 수 있지만, 장기적으로는 확률적으로 승패가 결정된다.

반면 포커 게임은 어떤가? 패를 받는 것은 운이지만, 베팅을 하는 것은 실력이다. 좋은 패를 들고도 질 수도 있고, 좋지 않은 패를 들고도 이길 수도 있다. 패(운), 상대방의 심리, 자금 수준 등 종합적인 것을 고려해 확률적인 베팅(실력)을 하는 게임이기 때문이다. 따라서 주식 투자가 도박이냐 아니냐 정의를 내리는 것이 중요한 게 아니라, 어떤 게임에 가까우냐를 고민하는 것이 타당하다. 운과 실력이 얼마나 작용하는지 고민해보고 어떻게 전략을 세워야 성공할 수 있을지 구상하는 것이 훨씬 더 중요하다는 말이다.

운도 있지만 기술, 실력도 작용!

주식 투자를 할 때 운과 실력이 어느 정도 비중으로 작용하느냐에 대해서는 의견이 분분할 수 있지만, 확실한 것은 100% 운의 영역은 아니라는 점이다. 명백하게 실패하는 투자법들이 있기 때문이다. 홍진채 대표는 명백하게 실패하는 투자법을 '슬리피지slippage'

의 개념으로 설명했다. 슬리피지란 거래 시 발생하는 부대비용을 말한다. 주식 매매 시 '거래세+수수료'가 발생함과 동시에 매수를 할 때는 호가를 올려 매수하고 매도를 할 때는 호가를 내려 매도하는 경우가 많기 때문에 한 번 매수/매도를 하면 약 0.7%의 비용이 발생한다.

잦은 매수/매도를 하더라도 트레이딩을 기가 막히게 잘하면 수익을 낼 수도 있다. 그러나 대부분의 경우 장기적으로는 비용이 누적되므로 수익률을 악화시키고, 손실을 내는 경우 손실의 폭을 키우는 역할을 하기 때문에 명백하게 실패하는 투자 전략이다.

주식 투자를 흔히 패자의 게임loser's game이라고 한다. 얼마나 성공을 많이 하느냐보다 투자 실패, 실수를 얼마나 잘 줄이느냐가 장기적인 투자수익률을 결정하는 요소이기 때문이다.

투자를 골프에 비교해보자. 홀인원을 하는 것은 운이지만, 보기를 하지 않고 파, 버디를 기록하는 것은 실력이다. 프로 선수들이 모든 홀에서 홀인원, 이글만을 노리고 샷을 치지는 않을 것이다. 대부분 실수를 줄이고 파, 버디를 꾸준히 기록하며 최종 기록을 좋게 가져가는 것을 목표로 한다. 주식 투자도 마찬가지다. 투자 기업의 대박성과 높은 수익률은 투자 실수를 줄인다. 이는 좋은 투자를 하기 위해 꾸준히 노력했을 때 나타나는 부수적인 결과다. 즉 대박 종목, 수익률만을 좇으면 안 된다는 이야기다.

'운칠기삼運七技三'이라는 사자성어가 있다. 사람이 살아가면서 일어나는 모든 일의 성패는 운 70%, 기술(노력) 30%로 결정된다는 의미다. 이언투자자문 박성진 대표는 이 사자성어를 응용해 주식 투자에는 '기삼운칠'을 적용하자고 주장했다. 분명 운이 작용하지만, 기술과 실력을 키우자는 말이다. 맞다. 운이 70%라 하더라도 자신이 컨트롤할 수 없는 운에 베팅하기보다는 실수를 줄이고 실력을 높이는 나만의 투자법을 갈고닦는다는 마인드로 주식 투자를 바라봐야 한다.

STEP 5

가속

시간 관리와 머니 파이프라인

시간은 금이고,
돈이다

벤자민 프랭클린Benjamin Franklin의 유명한 격언이 있다.

'시간은 금이다.'

시간의 중요성을 나타내는 말이다. 우리는 시간으로 돈을 사는 경우(회사에 내 노동 시간을 제공하고 급여를 받는 것, 시간이 더 걸리더라도 저렴한 직항 대신 경유 비행기를 타는 것 등)도 있고, 반대로 돈으로 시간을 사는 경우(돈을 주고 사람을 고용하는 것, 버스가 아닌 택시를 이용해 시간을 절감하는 것 등)도 있다.

사람마다 자신이 제공하는 시간당 돈의 값어치가 다르다. 대부분의 사람은 시간의 소중함을 알고 있지만, 실제로 시간을 제대로 활용하는 사람은 많지 않다. 물론 돈도, 시간도 아낌없이 펑펑 쓰는 사람들도 있다. 사람마다 가치관이 다르니 그럴 수 있다고 치자. 그런데 돈은 아껴 쓰면서 시간은 아껴 쓰지 않는 사람은 왜 그런 걸까? 돈은 노력해야 얻을 수 있지만, 시간은 아무 노력을 들이지 않아도 하루 24시간이 주어지기 때문일지도 모른다.

혹자는 "현재present라는 시간은 선물present이다"라고 말하기도 한다. "시간은 가난한 사람에게나 부자에게나 공평하게 주어진다"라고 말하면서 말이다. 그러나 경제적 자유를 꿈꾸는 사람은 '시간은 공평하지 않다'라는 전제를 기본으로 가져가야 한다. 내가 대학원생일 때 함께 프로젝트를 진행한 한 대기업 상무님이 이런 말을 한 적이 있다.

"하루가 선물이라는 이야기를 많이 하죠? 저는 그렇게 생각하지 않습니다. 하루하루 치열하게 살아가는 사람들에게는 선물이 아닙니다. 다른 사람과의 경쟁을 좁히거나 벌릴 수 있는지를 시험하는 시간일 뿐입니다."

이 말이 나에게는 큰 울림으로 다가왔다. 당시에도 큰 충격이었지만, 투자를 시작하고 난 뒤 곱씹을수록 더 무섭게 다가왔다. 현재 자본주의에서의 돈의 특성과도 일치하기 때문이다. 돈과 시간을 제대로 활용하지 못하는 사람들에게 하루는 선물이 아니라 격차가 벌어지는 복리의 시간일 뿐이다. 잔인한 말이지만 실제로 그러하다.

그렇다면 시간을 구체적으로 어떻게 써야 할까? 양적·질적 측면을 모두 생각해봐야 한다. 시간의 양적 측면에서는 결국 절대적인 시간을 확보해야 한다. 직장인, 특히 육아를 병행하는 투자자들은 재테크를 위한 시간이 절대적으로 부족하다. 시간이 없다면 시간을 만들기 위해 노력해야 하는데, 나는 '시간의 조각 모음'을 추천한다. 쉽게 말해 '시간 가계부'를 작성하는 것이다. 통장을 쪼개는 것처럼 시간을 쪼개 관리할 필요가 있다.

시간의 양적 측면에서는 내 시간 가격, 즉 시급을 올리는 작업을 해야 한다. 잔여 시간을 활용해 돈으로 바꾸는 작업 중 가장 흔히 떠올릴 수 있는 것은 '부업'이다. 그런데 부업에 들이는 시간에도 질적 차이가 분명 존재한다. 가장 쉬운 접근은 추가적으로 일해 근로소득을 버는 것이다. 편의점 알바든, 배달 업무든, 번역이든 일한 만큼 돈을 버는 것이다. 그러나 이 방식은 명확한 한계가 있다. 내가 아무리 잘한다 해도 업무 특성상 시간당 벌 수 있는 돈의 한계가 정해져 있다.

현재 직장에 다니고 있지만 추가적인 소득(의미 있는 수준의 추가 소득)을 위해 부업을 한다면 그것은 근로소득이 아닌 사업소득이 되어야 한다. 별도의 사업소득을 만들면 수입 상한이 커지는 것은 물론, 스스로 느끼는 성취감도 엄청나게 커진다. 대부분의 사람은 은퇴할 때까지 직장에 출근해 남의 사업을 위해 일한다. 그러나 내 사업을 하면 내 시간을 오로지 나를 위해 쓸 수 있다.

지금부터 시간을 돈으로 연결하는 방법, 종잣돈과 투자금을 모으는 시간을 단축하는 방법을 알아보자.

시간의 양과 질 관리하기

기업 수익을 결정하는 요소는 PQC, 즉 가격price, 양quantity, 비용cost이다. 개인 사업은 기업을 운영하는 것과 같다. 이런 관점에서 생각하면 집중해야 할 대상이 명확해진다.

- **기업 수익을 결정하는 요소 = P(상품 단가) × Q(판매량) – C(제조비용)**
- **개인 수익을 결정하는 요소 = P(시급) × Q(시간의 양) – C(낭비 시간)**

다른 사람의 시간의 양과 질을 아껴주고 돈을 버는 것도 중요하지만, 우선은 내 시간의 양과 질을 올리고 낭비하는 시간을 줄이는

우수: ○ 양호: △ 미흡: ×

구분	10~20대	30대	40~50대	60대 이상
건강	○	○	△	×
시간	○	△	×	○
월급	×	△	○	×
자산	×	×	△	○

삶의 사이클 – 건강, 시간, 월급, 자산의 흐름

것이 중요하다. '나라는 개인 사업체의 수익성'을 높이기 위한 노력이 먼저 진행되어야 한다는 의미다. 내게 돈과 시간 중 무엇이 더 중요하냐고 묻는다면, 시간이라고 답하겠다. 돈은 능력이 되면 나중에라도 벌 수 있지만 시간은 유한하며 다시는 돌아오지 않기 때문이다.

보통 10~20대 때에는 건강하고 시간도 많지만 월급과 자산이 거의 없고, 30대에 들어서면 건강은 좋고 월급은 생기지만 개인 시간이 줄어들고 자산은 여전히 부족하다. 40~50대 때에는 건강은 조금씩 악화되고 직장 내에서의 위치 상승과 육아로 개인 시간은 점차 줄어들지만 월급은 가장 높고 자산도 어느 정도 형성된다. 60대 이후에는 시간과 자산은 있지만 건강이 좋지 않고 월급(또는 꾸준한 월 소득금액)은 불안한 상태가 된다. 이것이 일반적인 삶의 사이클이다.

나이듦에 따라 건강 문제가 생기는 것을 막을 수는 없다. 그래서 많은 사람이 '건강할 때 60대에 누릴 수 있는 많은 시간과 자산을 확보하고 싶다'라는 마음으로 FIREFinancially Independent Retire Early(재정적 독립을 이루고 일찍 은퇴하기)'를 인생 목표로 삼는다. 그들은 조기에 경제적 자유를 달성하고 은퇴하기 위해 부단히 노력하는 사람들이다.

경제적 자유를 빠르게 이루기 위해서는 결국 내 시간과 월급을 자산으로 바꾸는 노력이 필요하다. 그런 의미에서 시간 관리는 필수적이다. 시간당 단가를 효율적으로 높이기 위해서는 막연히 열심히 하는 게 아니라 시간 단가, 즉 양과 질을 수치화할 수 있어야 한다. 이를 위한 가장 좋은 방법은 '기록'이다. 하루 일과를 계획하고 정리하는 데일리 리포트를 작성해보는 것이다.

시간 레버리지 효과 만들기

재테크를 처음 시작할 때 해야 할 일은 자신의 자산을 정확하게 파악하는 것이다. 시간 관리, 시간테크도 마찬가지다. 결혼 유무, 자녀 유무, 출퇴근 수단과 소요 시간, 근로 시간, 초과 근무 빈도 등 개인 여건에 따라 활용할 수 있는 시간이 다르므로 각자의 하루를 기준으로 활용 가능한 최대 시간이 얼마나 되는지 산정해봐야 한다. 그래야 시간이 얼마나 부족한지, 어떻게 하면 시간을 확보할 수 있을지 방향을 잡을 수 있기 때문이다.

예시 · 기상 후 출근 전까지 활용 가능한 시간: 30분~1시간
· 출퇴근 이동 시간: 2~3시간
· 저녁 식사 이후 수면 전까지 활용 가능한 시간: 2시간

활용 가능한 시간이 산정되었다면 각각의 시간 동안 무엇을 할지 구체적으로 정해야 한다. 추가 소득을 만들기 위한 구체적인 활용 방법을 다음과 같이 세 가지로 분류했다.

- 정보 수집만 가능한 시간: 집안일, 단순 업무 대기 시간(하루 1~2시간 내외)
  → 영상 또는 음성 강의를 듣는다.

- 단순 작업 정도는 가능한 시간: 출퇴근 시간(하루 3시간)
  → 독서, 강의 정리, 산업 리포트 읽기 등 배운 내용을 정리하고 소화한다.

- 완전한 몰입이 가능한 시간: 이른 아침 또는 아이를 재운 뒤(하루 2시간)
  → 정리한 내용을 바탕으로 나의 콘텐츠를 만들거나 투자 아이디어를 보강한다.

자신이 운용할 수 있는 시간을 파악한 뒤 쪼개져 있는 그 시간들을 활용할 수 있는 방안을 고려해야 한다. 이런 과정을 거쳐도 시간의 절대적인 양이 부족할 수 있다. 그때는 어떻게 해야 할까? 잠을 줄이거나 남의 시간을 활용해야 한다.

'시간 레버리지'라는 말을 들어본 적 있는가? 시간을 빌려 원하는 것을 얻는 방법이라고 생각하면 된다. 그런데 돈은 은행이나 지인을 통해 빌리는데 시간은 어디서 빌려야 할까? 다른 사람에게서 빌리면 된다. 내 시간을 늘릴 수는 없으니 지식과 투자 아이디어를 모으는 사람의 수를 늘리는 것, 즉 만화에 흔히 나오는 분신술처럼 분업화를 하는 것이다.

투자를 시작할 때부터 투자 메이트와 함께 공부해왔다면 이제는 스터디그룹을 만들 때가 되었다. 같은 길을 걷고자 하는 사람들을 모아 각자의 지식을 공유함으로써 같은 준비 시간 대비 얻을 수 있는 정보의 양을 몇 배로 늘릴 수 있다. 기본적으로 스터디그룹이 효과적으로 운영되기 위해서는 구성원들의 투자 실력이 어느 정도 갖추어져 있어야 한다. 스터디그룹 모집 글을 보면 기존 투자 경험, 투자 분석 글 등 지원 자료를 요구하는 경우가 많다. 그러나 처음 시작하는 사람의 경우 투자 경험과 지식수준이 낮기 때문에 수준 높은 스터디그룹에 들어가기도 힘들고, 들어간다 해도 따라가기 벅차다. 또한 투자 초보자들이 모여 있는 스터디그룹은 경험과 지식이 부족하기에 서로의 의견에 대한 명확한 피드백이 이루어지기 힘들다.

따라서 투자를 처음 시작하는 것이라면 스터디그룹이 아닌, 재테크 서적을 함께 읽는 독서 모임에 가입할 것을 추천한다. 이 책 부록에 수준별 추천 도서 리스트를 소개했다. 자신의 수준에 맞는 책을 골라 트레바리 같은 독서 모임 플랫폼을 활용하거나 재테크 카페 내에서 독서 모임을 찾아보는 것도 좋다.

스터디그룹, 독서 모임에 소속되는 방법은 크게 두 가지가 있다. 그것은 바로 다른 사람이 만든 모임에 들어가거나 직접 모임을 만드는 것이다. 성격이 적극적이라면 모임을 직접 만들어보는 것도 괜찮은 방법이다. 인터넷 카페에서 함께할 사람을 구하고자 한다면 모집 글을 올리기 전에 본인이 직접 작성한 서평이나 투자 경험담 등을 올려보는 것이 좋다. 그래야 본인의 성향과 수준에 맞는 사람들을 구하기가 수월하다. 더 적극적인 사람이라면 개인 블로그나 카페를 개설해볼 것을 추천한다. 이에 대해서는 이후 머니 파이프라인 및 퍼스널 브랜드를 설명할 때 좀 더 자세히 다루도록 하겠다.

스터디그룹을 직접 만들 때는 스터디의 범위와 목표, 모집 방법, 구성원 수, 투자/분석 방향, 운영 방안 등을 고민해야 한다. 내가 소개한 예시가 100% 정답은 아니지만, 이를 바탕으로 보완해나가면 분명 도움이 될 것이라 생각한다.

예시 **스터디의 범위:** 투자 마인드 정립, 투자 기업 발굴 및 공유

스터디의 목표: 투자를 통한 경제적 자유 달성,

이후 각자 의미 있는 방식으로 베푸는 삶을 살자.

모집 방법: 네이버 블로그와 카페 활용

(기존 분석 글 및 투자 성향을 확인한 뒤 별도 연락)

구성원 수: 8명(최대 10명)

투자/분석 방향 : 주식 투자를 메인으로 하며,

부동산 등 각종 자산의 가격과 가치를 분석한다.

운영 방안: ① 카카오톡 오픈채팅 활용(수시로 자유롭게 대화)

② 네이버 카페 개설(각종 자료 공유 및 보관)

스터디그룹의 효율성을 고려한 운영 방침을 잘 설정하는 것도 중요하지만, 그보다 더 중요한 것은 일단 스터디그룹을 만들어 시작하는 것이다. 처음부터 모든 것이 완벽할 수는 없다. 일단 시작하고 하나하나 보완해나가는 과정을 거쳐야 한다. 그 다음으로 중요한 것은 꾸준함과 끈기, 이타심이다. 결국 투자도 사람이 하는 일이다 보니 꾸준함을 유지하기가 쉽지 않다. 또한 투자 스터디그룹은 '돈'을 주제로 하기 때문에 분위기가 민감해지기 쉽다. 스터디그룹 내 사람들은 경쟁자가 아닌 함께 성장해나갈 팀원이라는 사실을 늘 기억해야 한다. 자신이 공부한 내용들을 수시로 공유하고 상대방의 피드백도 가감 없이 받아들이는 것이 좋다.

원칙은 자유롭게 정하되, 한 가지 금기 사항은 정하자.

'스터디그룹 내에서 금전 거래 절대 하지 않기!'

그 이유는 설명을 덧붙이지 않아도 잘 알 것이라 생각한다. 스터디그룹을 통해 시간의 양적 레버리지 효과를 누리며 투자 능력을 향상시켜나가길 바란다.

내 시간의 질 평가하기

활용 가능한 시간을 확인했고, 그 시간에 무엇을 할지 정했다면 그 다음에는 무엇을 해야 할까? 목표대로 잘 실천하고 있는지 시간의 질을 평가해야 한다. 이것이 데일리 리포트의 핵심이다. 데일리 리포트는 매일매일 작성하는 것이 가장 좋지만, 우선 하루라도 제

데일리 리포트(작성 일자: 20○○년 ○월 ○○일)			
작업 시간	작업 내용	몰입도 (달성도)	비고
06:00~07:00	콘텐츠 작성 및 업로드	상	
07:30~09:00	유튜브/팟캐스트 수강	중	수강 진도 지연됨
18:30~20:00	자료 수집, 스크랩	하	다른 영상 시청으로 미흡
22:00~23:30	콘텐츠/사업 아이템 구상	상	

데일리 리포트 양식 예시

대로 작성하자는 생각으로 접근해보자.

데일리 리포트 양식은 자유롭게 정하되, 다음 항목은 반드시 포함시켜야 한다.

- 작업 시간
- 작업 내용
- 몰입도(달성도)
- 비고(느낀 점, 비고 사항 작성)

데일리 리포트 작성을 통해 시간을 얼마나 제대로 활용하고 있는지 알아보자. 기록을 하면 자기객관화가 가능하고, 습관화되면 실천력이 높아진다. 아침에 일어나 씻고 식사하고 양치하듯 기록하는 것도 정해진 시간에 자연스럽게 행해져야 한다. 습관이 되어 일상이 되면 더욱 좋다. 이렇게 스스로를 돌아보고, 시간의 질을 매일 조금씩 올리고, 낭비하는 시간을 줄여나가는 것이 내 시간의 단가와 수익성을 높이는 가장 효과적인 방법이다.

물론 이런 일련의 작업이 말처럼 쉬운 것은 아니다. 변화는 기본적으로 노력과 고통을 수반한다. 제임스 클리어James Clear는 《아주 작은 습관의 힘》을 통해 사람들이 좋은 행동임을 이미 알고 있음에도 습관으로 만들기 어려운 이유를 명쾌하게 설명했다.

'좋은 습관과 나쁜 습관의 차이는 피드백(보상 체계)에 있다.'

나쁜 습관(고쳐야 하는 행동)은 바로 기분이 좋아지거나 비교적 단기에 피드백이 온다는 특징이 있다(즉각적 보상). 반면 좋은 습관은 바로 효과는 없지만 꾸준히 실천하면 장기적·궁극적으로 좋은 피드백이 온다는 특징이 있다.

많은 사람이 흡연은 좋지 않은 습관이라는 사실을 잘 알고 있다. 하지만 흡연(나쁜 습관)을 하면 바로 기분이 좋아지는 반면, 금연을 시작하면 곧바로 몸에 좋은 변화가 나타나는 것도 아니고 오히려 금단 증상 때문에 괴롭다. 그러나 꾸준히 금연을 하면 장기적으로는 분명 신체 건강에 도움이 된다.

대부분의 나쁜 습관은 유사한 패턴을 보인다. 사람들은 열심히 투자 공부를 하고 싶은 마음과 공부를 미뤄두고 게임을 하거나 쉬고 싶은 마음 모두를 품고 있다. 게임을 하거나 쉬면 당장은 기분이 좋겠지만 발전이 없다. 계획 없이 시간을 쓰는 나쁜 습관을 버리고 시간의 양과 질을 높이며 좋은 습관을 들인다고 해서 곧바로 기분이 좋아지거나 투자 실력이 단기간에 급격히 쌓이지는 않는다. 오히려 괴롭고 힘들다. 하지만 남들보다 조금 더 빨리 부를 향해 달리고 싶다면 시간의 양과 질을 높이는 것은 선택이 아닌 필수다.

투자로 부를 이룬 사람들은 환경, 학력, 성격 등이 모두 다르지만 게으르지 않다는 공통점이 있다. 이미 앞서나간 사람들은 좋은 습관들이 기본적으로 몸에 체화되어 있고, 루틴으로 만들어져 있기 때문이다.

시간의 양과 질을 동시에 높였는데도 시간이 부족하다면? 결국 잠을 줄이는 수밖에 없다. 그러나 잠을 줄이기 전에 시간의 효율성을 극대화하기 위한 노력부터 해보자. 우리의 돈뿐 아니라 돈과 같은 시간도 줄줄 새고 있는 것은 아닌지 늘 점검할 필요가 있다.

연봉이 얼마니? (X), 돈 버는 수단이 몇 가지니? (O)

과거에는 대부분의 직장인이 '연봉 인상'을 목표로 열심히 일했다. 근로계약서에 적히는 연봉과 연봉인상률은 치열한 고과 전쟁의 결과물이었다. 그러나 이제는 근로소득 이외의 것을 추구해야 한다. 회사 일을 소홀히 하라는 말이 아니다. 회사에 '충성'할 필요는 없으나 소중한 근로소득을 얻기 위해 회사생활에 '충실'할 필요는 있다. 본업도 제대로 하지 못하면서 부업 혹은 사업을 한다는 것은 말도 안 되는 일이다.

회사와 나는 근로계약으로 맺어진 관계일 뿐, 회사가 내 인생을 책임져주지 않는다는 사실을 명심해야 한다. 근로소득 이외의 소득 수단이 얼마나 되는지 머니 파이프라인의 개념이 중요시되고 있다. 이러한 현실을 받아들이고 추가 소득을 만들어야 한다. 그렇다면 근로소득 이외에 소득이 될 만한 것은 무엇이 있을까? 처음엔 막막했지만 주변 사례를 찾아보니 의외로 단순했다. '시간은 돈이다'라는 관점에서 생각하면 크게 두 가지를 떠올릴 수 있다. 그것은 바로 상대방의 시간을 아껴주는 것과 상대방의 시간을 풍요롭게 채워주는 것이다.

상대방의 시간을 아껴주는 것은 앞서 언급한 시간의 양적 측면에서의 제공이고, 상대방의 시간을 풍요롭게 채워주는 것은 시간의 질적 측면에서의 제공이다. 시간의 양 또는 질을 서비스로 제공할 수 있는 모든 영역은 수익을 만들어내는 아이템이 될 수 있다는 의미다.

시간의 양적 서비스를 제공하는 것은 무엇이 있을까? 정보 제공 콘텐츠가 대표적이다. 다른 사람이 원하는 것을 자신의 노하우를 곁들여 제공하는 것이다. 인터넷이 발달하면서 정보 접근성이 매우 쉬워졌다. 하지만 정보 홍수 속에서 양질의 콘텐츠 비율은 상대적으로 줄어들고 있는 것이 현실이다. 원하는 것을 찾기 위해 인터넷에 접속했는데 상관없는 광고, 소음과 같은 콘텐츠 때문에 스트레스를 받은 적이 있을 것이다. 바로 이런 곳에 기회가 있다. 내가 잘 알고 있는 분야를 선정해 양질의 정보만을 제공한다면 그 콘텐츠 자체가 돈이 될 수도 있다. 나에겐 당연한 노하우나 정보가 다른 사람들에겐 엄청난 도움이 되고, 때로는 기꺼이 소정의 돈을 제공하고 배우고자 하는 수요도 많기 때문이다.

시간의 질적 부분을 채워주는 콘텐츠는 상대방의 시간과 관심을 끌어당길 수도 있다. 최근 온·오프라인에서 기업들이 중점을 두는 것 중 하나는 '고객의 시간을 얼마나 잡아둘 수 있는가'다. 유튜브, 블로그, 인스타그램 등 SNS 플랫폼들도 콘텐츠의 질을 평가하는 요소로 평균 이용 시간을 주요 지표로 삼고 있다. 고객이 머무는 시간, 콘텐츠를 이용하는 시간 자체가 그 콘텐츠의 질적 우수성과 상관관계가 크고, 실제 제품 및 광고 매출과 직결되는 요소이기 때문이다. 콘텐츠가 ① 유익한 내용, ② 공감이 되는 내용, ③ 재미있는 내용, ④ 감동, 울림이 있는 내용 중 하나라도 충족시킬 수 있다면 수익을 창출할 수 있다.

머니 파이프라인 만들기

나도 근로소득 이외의 소득을 위해 이를 활용해보기로 하고 하나하나 준비해나갔다. 우선 내 장점이 무엇인지 객관적으로 생각해보았다. 그 결과, 정보 수집과 요약을 잘한다는 장점을 생각해낼 수 있었다. 종종 "내 장점을 어떻게 찾아야 하는지 모르겠어요"라고 말하는 사람이 있다. 가장 쉬운 접근 방법은 '나에게는 당연한 것인데, 남들이 보면 놀라는 것'을 찾아보는 것이다. 예를 들어 나는 이해력은 좋은 편이나 기억력은 좋지 않은 편이다. 열심히 공부한 것 같은데 늘 생각만큼 성적이 나오지 않았다. 암기력이 좋지 않았기에 기억력을 높이기 위해 노력했지만 큰 효과를 보지는 못했다. 여러 방법을 시도하던 중 포스트잇을 활용한 메모 기법이 가장 큰 도움이 된다는 사실을 깨달았다. 중요하거나 잘 외워지지 않는 부분을 요약해 메모로 남기고 반복해서 보고 또 보았다. 이런 과정을 오래 반복하면서 어떤 부분을 어떻게 요약·정리해야 하는지 노하우가 생겼고, 이는 시험공부 이외에도 무언가를 습득할 때 시간을 효율적으로 관리해주는 토대가 되었다.

이를 투자 공부를 할 때 적용해보았다. 공부를 할 겸 각종 커뮤니티에서 추천하는 책들을 읽고 요약한 글을 블로그에 남기기 시작했다. 나는 기억력이 좋지 않아 복습을 해야 하기에 다음에 찾아볼 때 보기 쉽도록 감명 깊었거나 기억해야 할 부분을 표시해두었다. 또한 그 상황을 기억하기 위해 나만의 생각을 적어놓기도 했다. 내 블로그에 방문한 사람들의 반응은 매우 좋았다. '다들 이런 식으로 공부하고 기록하지 않나?' 하고 생각했었는데, 그게 아니었다. 이것이 내 장점이자 콘텐츠가 되었다. 나는 이를 바탕으로 블로그 운영 및 네이버 인플루언서 활동을 통해 부수적인 수익을 창출하고 있다.

'나는 잘하는 게 없어. 장점이 없어'라고 생각한다면 오히려 그런

약점을 활용할 수도 있다. 기술이 없다면 기술을 배우며 실력을 쌓아가는 과정을 기록해 콘텐츠로 만들어볼 수 있다. 또 부자만이 부에 대한 콘텐츠를 만들 수 있는 것도 아니다. 적은 자본을 불려나가는 과정을 콘텐츠로 만들면 많은 사람의 호응을 얻을 수도 있다. 사람들은 이미 성공한 사람들의 이야기만큼이나, 아니 그보다 더 성공을 이루기 위해 노력하는 사람들의 이야기를 좋아한다.

안 된다고 생각하면 수많은 핑계거리가 생기고, 합리화할 수 있는 논리가 생긴다. 반면 된다고 생각하면 어떻게든 길이 보이기 마련이다. 내가 가지고 있는 장점과 약점 중 활용 가능한 요소를 정해 콘텐츠로 만들어보는 것이 머니 파이프라인을 만들기 위한 기본 과정이다.

머니 파이프라인의 확장

내 시간의 양을 알고 시간의 질을 관리하기 시작했다면 그 다음에는 내 시간을 돈으로 만드는, 즉 진짜 자산화를 해보는 작업을 시작해야 한다. 진짜 자산이 되려면 그 자산에서 수익이 발생해야 한다.

근로 외 수익 파이프라인으로 가장 먼저 추천하는 것은 온라인 기반의 서비스 제공이다. 많은 사람이 부업, 개인 사업을 망설이는 이유는 시간과 비용의 제약 때문이다. 부업을 하자니 육아를 겸하는 직장인의 경우 시간 변수가 많고, 창업을 하자니 투자비용과 사업 실패에 따른 두려움이 머릿속을 가득 채울 것이다. 이에 반해 온라인 기반의 플랫폼은 시간과 장소의 제약이 없고, 초기 투자비용이 거의 들지 않는다는 장점이 있다.

온라인 기반의 서비스 시작하기

온라인으로 수익을 낼 수 있는 대표적인 플랫폼은 네이버 블로그, 카카오 티스토리, 유튜브 등이다. 처음 시작하는 것이라면 네이버 블로그를 추천한다. 광고 단가 등은 카카오 티스토리(구글 애드센스, 카카오 애드핏)와 유튜브가 높은 편이지만 진입장벽이 상대적으로 높다. (신규 크리에이터의 경우 검색 노출 순위에서 밀리고, 기존 크리에이터와의 경쟁에서 이길 확률이 적다.)

블로그 자체 수익 창출에 집중 (유입 극대화, 광고 및 판매 수입)	퍼스널 브랜딩 (플랫폼, 확장성에 집중)
• 블로그 자체의 수익성 극대화 • 여행, 맛집, 육아, 뷰티 등 • 광고 자체 단가가 높고 광고 유입을 통한 광고주와의 이익공유화 모델	• 블로그를 기반으로 퍼스널 브랜딩 • 블로그의 플랫폼화 • 강의, 저작권 수입, 유튜브 채널 등으로 확장

선택과 집중형

HYUNDAI

플랫폼 구축형

NAVER

kakao

무형자산화가 가능한 플랫폼

네이버 블로그로 수익을 내는 구조는 크게 두 가지다. 첫 번째는 블로그 자체의 수익 창출력을 극대화하는 방법이다. 이 경우 광고 유입을 통해 실제 구매로 이어지는 분야의 블로그로 운영 방향을 잡아야 한다. 예를 들면 주로 후기로 작성되는 IT/전자기기, 여행, 맛집, 육아, 뷰티 등의 생활/레저 분야가 검색량과 유입률이 높고 실제 광고 링크로의 구매가 이어질 수 있기에 광고 단가 및 인센티브(광고 클릭 후 판매로 이어질 경우 추가로 받는 보너스)가 높은 편이다. 기업으로 따지면 삼성전자, SK하이닉스, 현대자동차 등과 같이 전문적인 제품이 있는 사업 형태의 블로그를 만드는 것이다.

두 번째는 블로그를 기반으로 콘텐츠 크리에이터가 되는, 즉 스스로를 브랜드화하는 방법이다. '퍼스널 브랜딩'이라고도 표현한다. 광고 수입보다는 크리에이터의 역량을 끌어올림으로써 하나의 매체를 플랫폼처럼 활용하여 강의, 저작권 수입, 유튜브 채널 등으로 확장해 수익을 만들어내는 방법이다. 기업으로 따지면 네이버, 카카오 등과 같이 무형자산이 많고 확장성이 큰 블로그를 만드는 것이다.

어떤 방식으로 블로그를 운영하든 가장 중요한 것은 콘텐츠 품질이 좋아야 한다는 것이다. 콘텐츠 품질이 좋다는 것은 결국 조회수, 시청 수 등 사용자 유입이 많다는 뜻이다. SNS로의 유입 경로는 크게 세 가지가 있다.

- 구독자 유입(블로그 이웃, 유튜브 구독자 등 고정 구독층의 유입)
- 추천 콘텐츠 유입(비슷한 콘텐츠로부터 알고리즘 추천 유입)
- 검색 유입(콘텐츠 키워드를 직접 검색해 유입)

구독자가 늘어나는 것도, 추천 콘텐츠에 알고리즘으로 뜨는 것도 결국 검색엔진(네이버, 다음카카오, 구글)을 통해 선정되어야 가능하다. 검색 노출이 잘되는 블로그를 만드는 방법은 네이버를 통해 확인할 수 있다 (네이버 블로그 'Naver search & Tech' 참고)

네이버가 검색 노출을 잘 시켜주는 기본 전제는 '트렌드에 따르기보다 자신만의 색깔을 가진 콘텐츠를 묵묵히 생산하고 있는 크리에이터'이며 다음과 같은 콘텐츠를 권장합니다.

1. **나만의 기준으로 해석하고 분석한 글:** 우리는 복잡한 세상을 살고 있고, 너무 많은 정보가 한꺼번에 쏟아지고 비슷한 글도 너무 많습니다. 진짜 분석이 들어간 글은 존중받아 마땅합니다.

2. **누가 봐도 전문성이 인정되는 글:** 짧은 글, 단편적인 이미지나 영상이 대세인 시대이다 보니 긴 호흡을 가진 깊이 있고 전문성 있는 글을 찾아보기 어려워진 측면도 있지요. 하지만 오래가는 콘텐츠는 필연적으로 그만큼의 깊이를 가지고 있으며 사용자들에게 꾸준히 호응을 받고 있습니다.

3. **내가 직접 체험하고 맛본 것을 상세하게 소개한 글:** 대가를 바라기보다 정보를 공유한다는 선의의 목적을 가진 문서들은 더 많은 사용자에게 노출될 수 있어야 합니다.

4. **본인의 상품 정보를 사용자 입장에서 정직하게 홍보한 글:** 나의 가게를, 상품을 내가 가장 정확히 알고 있으니 스스로가 설명하는 것이 어쩌면 가장 자연스러운 마케팅일 수도 있습니다. 소상공인들이 좀 더 수월하게 자신의 것을 알릴 수 있도록 네이버 검색이 더 많은 지원 방법을 고민하겠습니다.

이와 같이 네이버는 검색 노출이 잘되는 콘텐츠에 대한 가이드라인을 명확하게 제시하고 있다. 잘 읽어보면 네이버뿐 아니라 콘텐츠를 제공하는 플랫폼이라면 공통으로 제시할 만한 원칙이라는 점을 알 수 있을 것이다. 검색을 통해 사용자에게 양질의 콘텐츠를 제공하는 것이 목적이기 때문이다.

콘텐츠를 만들 때 고민할 내용들

'콘텐츠를 만들어야 한다'라는 의무감으로만 접근하면 시작이 쉽지 않다. 발상의 전환을 해보자. 다음과 같은 생각의 순서로 콘텐츠를 만들기 위해 고민해보자.

- 내가 궁금한 것이 있는데 인터넷을 아무리 검색해도 답을 얻기 어려웠다.
- 지식in이나 재테크 카페에 물어봐도 광고 댓글만 달릴 뿐 의미 있는 답을 얻기가 쉽지 않았다.
- 결국 오랜 시간을 들여 답을 찾긴 했지만 이런 과정 자체가 짜증이 났다.
- 나의 수고와 고생을 어떻게 활용할 수 있을까?
- 내가 궁금했던 내용은 남들도 궁금해 할 것이다.
- 남들도 나와 같은 방식으로 정보를 찾으며 불편함과 짜증을 느낄 것이다.
- 불편함을 해결해주거나 솔루션을 주는 일들은 도움이 된다.
- 도움이 되는 일은 서비스이며, 서비스는 돈이 될 수 있다.
- 정보와 경험을 기록으로 남겨 제공하자.

나도 이러한 생각을 바탕으로 꾸준하게 블로그를 운영하며 투자에 관한 글이나 내 생각을 담을 글을 매일 한두 개씩 작성해 올렸다. 그 결과, 블로그를 운영한 지 8개월 만에 네이버 인플루언서로 선정되었고, 약 1년 후부터는 매월 10만 원 이상의 수익을 만들어 냈다. 시간이 지날수록 점차 수익이 늘어나고 있는 상태다.

월 10만 원의 수익을 내는 블로그는 연간 120만 원 이상의 현금을 가져다준다. '에게, 그거밖에 못 벌어?'라고 생각할 수도 있다. 그러나 현재 1년 만기 정기예금금리는 1% 내외다. 월 10만 원의 수익을 내는 블로그를 만드는 것은 약 1억 원의 무형자산을 가지는 것과 같다. 요행을 바라지 말고 정석대로 꾸준하게 양질의 글을 남겨보자. 공부를 하는 동시에 추가적인 소득을 창출할 수 있는 나만의 플랫폼은 무형자산의 토대가 될 수 있다. 많은 사람이 호기롭게 시작하지만, 매일매일 정해진 루틴을 지키는 사람은 5%에 불과하다고 한다. 어렵다는 뜻이고, 그렇기에 의미가 있고 돈이 된다.

온라인 특성상 투자되는 것은 내 시간이 전부다. 실패하더라도 잃을 돈이 없다. 물론 시간을 들이지만 분명 준비 과정에서 얻는 것이 더 많을 것이다. 만약 성공한다면 그 수익의 기댓값과 성장성은 무한하다. 경제적 자유를 꿈꾸는 많은 사람이 온라인 부업, 블로그, 카페, 유튜브 등을 통해 머니 파이프라인을 만들기 위해 노력하고 있다. 특별한 투자금 없이 1억 원 이상의 가치를 만들어낼 수 있는 일이라면 한 번 도전해보는 건 어떨까?

STEP 6

미완

최소한의 노후 준비 완료 단계

경제적 자유를 위한 여정, 나만의 속도로 가자

우리나라는 노인빈곤률 1위 국가다. 노년에는 국가가 보장해주는 복지 범위로는 한계가 있다. 대부분의 사람이 재테크를 공부하며 투자하는 현실적인 이유이자 목표 1순위는 '경제적 자유'가 아닌 '은퇴 후 노후 준비'다. '자녀에게 무언가를 물려주진 못해도 최소한 짐이 되지 말자'라는 슬프지만 지극히 현실적인 이유에서 비롯된 것이기도 하다.

앞선 단계들을 충실히 수행해 STEP 6까지 왔다면 '지금처럼 돈을 꾸준하게 모으고 굴리면 은퇴 이후 빈곤의 늪으로 급격하게 떨어지지는 않겠구나' 하는 최소한의 안도감은 느껴질 것이다. 실거

주 1주택의 주택담보대출 원리금은 남아 있지만 앞으로 일하며 갚아나가면 된다는 계산이 섰고, 남은 소득은 저축 및 꾸준히 자산을 사서 모음으로써(꾸자사모 캠페인!) 지금은 내가 일하지만, 은퇴 이후에는 모아놓은 투자자산이 나를 위해 일을 해줄 것임을 그동안의 실전 투자 경험을 통해 깨달았을 테니 말이다.

그러나 안도감을 느낌과 동시에 마음속 한편에 욕심도 차오를 것이다. '아, 조금만 빨리 알았더라면', '예전에 투자를 시작했더라면'과 같이 과거를 후회할 수도 있고, '누구는 몇 년 만에 얼마를 벌었다던데, 이렇게 천천히 가도 되나?'와 같이 다른 사람과 비교를 할 수도 있다. 물론 돈을 빨리 벌고자 하는 욕구 자체는 잘못된 것이 아니다. 자본주의 시대에 돈에 대한 갈망은 당연한 것이다. 오히려 돈을 벌고자 하는 아이디어와 실현력은 권장되어야 마땅하다. 다만, 목표금액을 지나치게 높이거나 달성 시기를 무리하게 앞당기는 것은 탐욕에 가깝다는 사실을 깨달아야 한다.

최근 몇 년간은 주식과 부동산 투자 모두 성과가 좋았다. 저금리로 인해 자금 조달이 쉬웠고, 미국을 비롯한 각국 정부에서 돈을 많이 풀어(돈의 유동성↑) 자산 가격이 상승했기 때문이다. 그러나 자산이 항상 상승만 하지 않는다는 사실은 모든 사람이 알고 있을 것이다. 우리는 자산이 하락하고 손실을 입을 수도 있음을 항상 염두에 두고 움직여야 한다.

자신만의 원칙과 꾸준한 노력으로

워런 버핏의 버크셔 해서웨이의 실적과 버핏의 자산 규모를 통해 우리는 몇 가지 교훈을 얻을 수 있다. 첫 번째 교훈은 아무리 위대한 투자자라도 매년 투자수익을 낼 수는 없다는 것이다. 다음 페이지(242쪽) 표를 보자. 위쪽은 버크셔 해서웨이의 연도별 주당가치(회사의 가치, 투자수익률 등 포함)의 변화를 나타낸 것이다. 약 55년 동안 연평균 20.3%의 수익을 냈고, 누적 수익률은 2,700,000%에 달한다. 대부분의 사람은 이를 통해 '연간 20% 수익으로도 장기간의 복리효과가 엄청나구나'라고 생각했을 것이다. 그런데 한 가지 흥미로운 사실은 이 기간 중에 11차례 연간 투자 손실을 기록했다는 점이다. 특히 1974년에는 오일쇼크로 경제위기가 왔고, 그로 인해 버핏의 자산 규모는 연간 −43% 평가 손실이 발생했다(44세 무렵).

버핏의 투자 파트너 찰리 멍거는 이와 관련해 멋진 말을 남겼다.

"우리가 한 일이라고는 유망한 기업에 투자를 한 것입니다. 우리는 경제의 순풍을 받기도 하고, 때로는 역풍을 받기도 했습니다. 그러나 가장 중요한 것은 어떤 바람이 불든 우리는 목표를 향해 헤엄쳤다는 사실입니다. 이것이 우리의 시스템입니다."

투자 시점과 타이밍보다는 기본에 충실한 탄탄하고 꾸준한 투자가 핵심이라는 말이다.

두 번째 교훈은 다시금 깨닫는 '복리효과'다. 버핏은 10대 때부

버크셔 해서웨이의 연도별 주당가치 변화

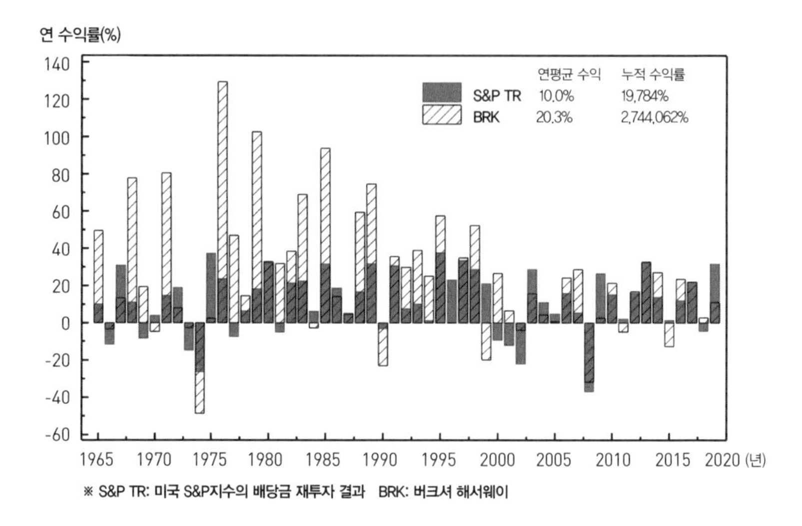

※ S&P TR: 미국 S&P지수의 배당금 재투자 결과 BRK: 버크셔 해서웨이

워런 버핏의 부의 상승(단위: 달러)

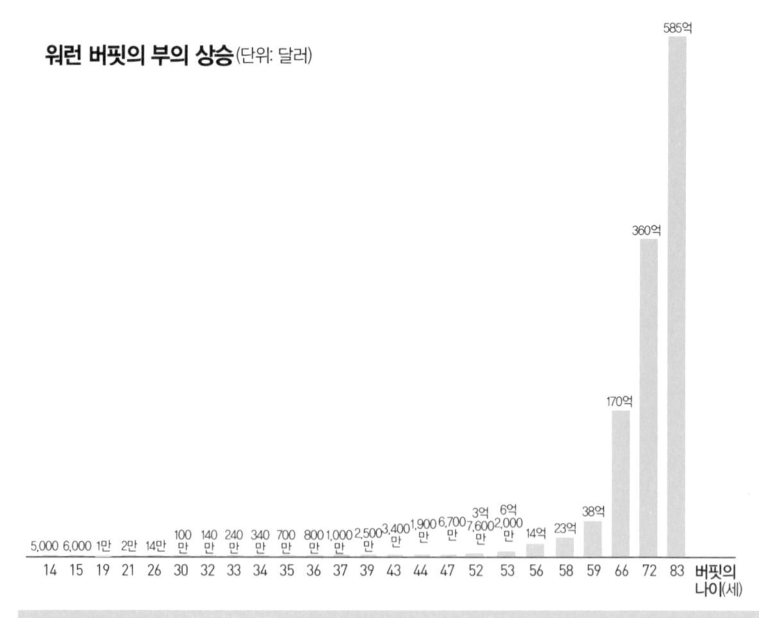

워런 버핏에게 배우는 투자의 속성

터 투자한 천재이지만, 대부분의 자산은 70세 이후에 형성되었다. 아무리 폭발적인 투자 실적을 내더라도 자산을 형성하기까지는 시간이라는 요소가 반드시 필요하다. 그 시간을 단축하기 위해 무리하게 욕심을 내 감당이 불가능한 레버리지와 투기적 자산에 돈을 넣는다면 단 한 번의 실수로 그동안 이루어낸 것들을 모두 잃을 수도 있다.

머니 파이프라인을 늘리고 종잣돈의 크기를 불려나가는 '가속'은 목적지에 빨리 도달할 수 있게 해준다. 그러나 욕심을 부리는 투자에서의 '과속'은 어떨까? 운이 좋다면 목적지에 빨리 도달할 수 있지만 그렇지 않다면 영영 도달하지 못하는 사고(영구적 자본 손실)를 일으킬 수도 있다. 나의 자산이 얼마든 0을 곱하면 최종 결과값은 0이 되는 것처럼 말이다. 극단적으로 0이 되지 않더라도, 자산 규모가 커질수록 자산 손실(마이너스 수익률)을 피하기 위한 노력이 필요하다. 1억 원을 가지고 10억 원을 만들었다 해도 실수를 범해 −30%, −50% 손실이 발생한다면 회복에는 상당한 노력과 시간이 필요하기 때문이다. 압도적인 수익률보다는 지속 가능한 수익률을 달성하기 위한 원칙을 세우고 꾸준히 노력하는 것이 중요하다는 사실을 잊지 말자.

경제적 자유와 FIRE(경제적 자유 조기 달성, 빠른 은퇴)는 동의어가 아니다. 사람마다 상황과 경제적 자유의 목표가 다르기에 그 달성과 은퇴 시점도 다를 수밖에 없다. 경제적 자유를 40대에 이루든,

50대에 이루든, 60대에 이루든 결국은 달성할 수 있느냐 없느냐가 가장 중요하다.

결국 우리가 비교하고 경쟁해야 할 대상은 '과거의 자신'밖에 없다. 진부하지만 중요한 결론이다. 나의 과거 자산과 현재 자산이 비교 기준이 된다. 한 해 한 해 지날수록 자산이 불어난다면 결국은 경제적 자유에 도달할 것이라는 확신을 가지고 실천하면 된다. 나만의 리듬으로 경제적 자유를 향해 꾸준히 나아가자.

투자자산 vs. 시스템자산

자산이 어느 정도 모이면(최종 목표 자산의 30~50%) 자산을 성격별로 구분하고 관리해야 할 시점이 온다. 자산의 성격은 크게 두 가지, 즉 투자자산과 시스템자산으로 분류할 수 있다. 여기서의 투자자산은 가격 변화에 따른 매매차익을 목표로 하는 자산을 의미한다. 주식의 경우, 저평가된 주식을 매수하여 합당한 가치에 도달하면 매도해 수익을 얻는 가치투자 방식과 시장 투자자의 심리와 모멘텀을 기반으로 하는 단기 트레이딩 투자 방식이 이에 해당한다. 부동산의 경우, 물건의 매매 거래 또는 분양권, 입주권 등의 거래에서 나오는 차익 거래가 이에 해당한다.

반면 시스템자산은 매매 거래에서 오는 차익이 아닌 주기별로 꾸준하게 현금흐름이 발생하는 자산을 의미한다. 주식의 경우 배당금을 많이 주는 고배당 기업의 주식을 매수해 꾸준한 배당금 수익을 목표로 하는 것, 부동산의 경우 월세를 받을 수 있는 아파트, 오피스텔, 상가 등에 투자하는 것이 이에 해당한다.

대부분의 사람은 매월, 분기, 연 단위로 돈이 들어오는 투자를 선호한다. 주된 소득인 근로소득의 월급 개념에 길들여져 있는 탓도 있을 것이다. 그런데 자본 관리 관점에서 보면 사고를 전환할 필요가 있다. 투자 기간을 늘릴수록 투자자산의 기대수익률이 시스템자산의 배당수익률을 압도하기 때문이다.

앞서 개인 자산도 사업하듯 바라보고 관리해야 한다고 여러 차례 이야기했다. 투자자산, 시스템자산 관리도 기업들이 성장하는 단계와 비교하면 그 개념을 쉽게 이해할 수 있다. 기업의 성장 단계는 크게 태동기(스타트업), 성장기, 고성장기, 성숙기, 쇠퇴기로 나눌 수 있다.

- **태동기: 당장은 돈을 벌지 못하지만 자본을 집중적으로 투자하며 기본적인 토대를 갖추는 시기**
- **성장기: 매출이 본격적으로 발생하지만 수익성은 낮기 때문에 벌어들인 수익을 재투자해 자본의 효율을 높이는 시기**
- **고성장기: 매출과 수익이 폭발적으로 향상해 재투자를 하며 배당금 지급을 검토하**

는 시기

- 성숙기: 수익은 발생하지만 매출 성장이 더뎌 재투자보다는 이익 분배, 배당금 확대를 신경 쓰는 시기
- 쇠퇴기: 자본을 벌기보다는 지키는 쪽으로 기업을 운영하는 시기

개인의 재테크 생애도 크게 다르지 않다. 취업을 준비하거나 재테크 공부를 시작할 때는 바로 수익을 창출하지는 못하지만 독서, 강의 등에 시간을 투자하며 기본 토대를 만들어나간다. 성장기 및 고성장기에 들어서면 근로소득인 월급이 늘어나고 투자금과 투자 실력이 향상되어 자본소득이 늘어난다. 성숙기 및 쇠퇴기에 접어들면 은퇴 이후 근로소득을 대체할 무언가를 준비해야 한다.

기존에 우리는 시간을 근로소득, 즉 월급으로 바꾸고, 그것을 자본으로 만들고 굴리는 투자를 해왔다. 퇴직 이후에는 자본을 월 소득으로 만들어야 하므로 투자자산을 시스템자산(월세 등이 발생하는 임대형 부동산, 주식배당금 등)으로 변화시키기 위해 노력해야 한다.

세금을 고려하라

자산 규모가 커질수록 수익률, 수익금과 더불어 신경 써야 하는 것 중 하나가 세금이다. 소액으로 투자할 경우에는 사실 세금을 크

게 고려하지 않아도 된다. 원천징수(미리 세금을 징수함)되기도 하고, 세율 자체가 높지 않기 때문이다. 그러나 노후 준비를 넘어 경제적 자유를 꿈꾸는 자산 수준(실거주 1주택 제외 금융 투자자산 10억 원 이상)이 되면 세금에 따라 세후 수익률이 크게 달라지므로 세금을 고려해 투자 계획을 세워야 한다.

근로소득, 사업소득, 공적연금소득(국민연금 등), 개인연금소득(개인퇴직연금), 금융소득(이자/배당소득), 기타소득(저작권료, 강의, 인세 등), 임대소득(아파트, 상가 월세 등), 양도소득(해외 주식 및 부동산 매매차익), 퇴직소득(회사 퇴직금)에는 세금이 부과된다.

이 중 양도소득과 퇴직소득(퇴직금 일시 수령)은 분리되어 별도의 세금이 부과되므로 여기서는 나머지에 대해서만 설명하도록 하겠다. 그리고 세금 구조를 고려한 자산 배치를 함께 생각해보도록 하

소득 종류	종합소득세 여부	종합소득세 합산 요건
근로/사업소득 (+공적연금)	○	무조건 종합소득세 합산 대상, 국민연금과 같은 공적연금도 합산
금융소득 (이자/배당)		연간 금융소득이 2,000만 원 이상일 경우 합산
개인연금소득		연간 1,200만 원 초과하는 경우 합산 (연금저축펀드, 개인퇴직연금[IRP])
기타소득		연간 필요경비 공제 후 300만 원 초과 시 합산
임대소득		연간 2,000만 원 이하 → 분류과세 or 합산과세 선택 연간 2,000만 원 초과 → 종합소득세 합산과세
양도소득	X	분류과세 (종합소득세가 포함되지 않으며 별도 세율 적용)
퇴직소득		

소득의 종류와 종합소득세 합산 요건

겠다.

우리나라의 소득세 구조는 누진세율, 즉 소득금액이 커질수록 세율이 함께 높아지는 구조로 설계되어 있다. 근로소득만 있을 때는 크게 관리할 것이 없다. 그러나 소득 규모가 커지고 소득 수단이 다양해지면 종합소득세(종소세)를 신경 써야 한다. 당장은 해당 사항이 아니더라도 앞으로 열심히 돈을 벌어 불려나갈 것이므로 추후 소득과 자산이 커질 때를 대비하여 세금에 대해 공부해둘 필요가 있다. (수백억 원 이상을 가진 자산가라면 세무사를 고용하는 것이 좋다. 단 세무사나 회계법인에 일을 맡기더라도 그 정도 자산을 쌓았다면 기본적인 회계, 세무 지식은 갖추고 있는 것이 바람직하다.)

평소에 연말정산을 고려해 소득공제와 세액공제를 신경 썼듯, 퇴직 이후의 삶을 설계할 때에도 절세를 고려한 미래의 소득 구조를 설계해보는 것이 좋다. 다음 페이지(250쪽)의 표를 통해 은퇴 후 절세에 대한 대략적인 개념과 구조를 이해해보자.

가장 쉬운 설계 방법 중 하나는 은퇴 후 필요한 현금을 세 가지 방식으로 나누어 받는 '1:1:1의 법칙'을 사용하는 것이다. 예를 들어 목표하는 월 현금흐름이 300만 원이라면 연금(근로)소득 100만 원, 배당소득 100만 원, 개인퇴직연금 100만 원과 같이 소득원을 나누는 것이다.

위 예시는 연 총소득 6,000만 원을 기준으로 산정했다. '너무 높은 거 아니야?'라고 생각할 수도 있지만 현재 30~40대가 은퇴하는

과세표준	세율	누진공제액
1,200만 원 이하	6%	0원
1,200만 원~4,600만 원	15%	108만 원
4,600만 원~8,800만 원	24%	522만 원
8,800만 원~1억 5,000만 원	35%	1,490만 원
1억 5,000만 원~3억 원	38%	1,940만 원
3억 원~5억 원	40%	2,540만 원
5억 원~10억 원	42%	3,540만 원
10억 원 초과	45%	6,540만 원

소득원이 하나인 경우 세금

- 배당/이자소득 6,000만 원(세전)

→ 세금 약 875만 원(기본 최소 공제 적용)

소득원을 다변화하는 경우 세금

총소득 6,000만 원(세전)

- 연금/근로사업소득 2,800만 원
- 배당/이자소득 2,000만 원(15.4% 분리과세)
- 개인연금 1,200만 원(5.5% 분리과세)

→ 세금 283만 원 + 308만 원 + 66만 원
=약 657만 원

향후 세금을 고려한 시스템 자산 구성 예시

20~25년 이후인 55~60세 기준이다. 연평균 물가상승률이 1.75%일 때 20년 후 세전 6,000만 원은 현재가치로 4,200만 원 정도가 된다. 월 금액으로 바꿔보면 세전 350만 원, 세후 300만 원 정도 수준이다.

월세나 주식배당금 등 단일 소득 기준으로 6,000만 원을 달성하면 연간 소득세는 880만 원 정도가 된다. 반면 소득원을 다변화하는 경우 연 660만 원 수준으로 연 25% 정도의 세금을 아낄 수 있다. 게다가 일회성이 아니라 수년, 수십 년간 꾸준히 절세가 되니 그 절세효과는 상당히 크다. 이것이 바로 우리가 세금에 대해 공부해야 하는 이유다. 탈세는 불법이지만 절세는 현명한 납세자의 권리다.

물론 현재의 계산법이 미래에도 똑같이 적용된다고 말할 수 없다. 소득세법은 앞으로도 꾸준히 개정될 것이기 때문이다. 그러나 세금은 완화보다는 강화될 가능성이 크므로 열심히 모으고 굴린 자산으로 노후를 준비할 때 절세를 충분히 고민할 필요가 있다.

※ 금융감독원 통합연금포털(100lifeplan.fss.or.kr)에서 국민연금, 회사 퇴직금, 개인연금(연금저축펀드 및 IRP) 등의 미래 예상 소득액을 확인할 수 있다. 정년까지 근무하며 현재 수준으로 꾸준히 납입할 것이므로 참고하기 바란다.

자녀를 위한 금융 교육과 투자를 시작할 시간

자녀를 떠올리면 어떤 생각이 드는가? 사랑스럽고 고마우면서도 늘 더 잘해주지 못해, 생업이 바빠 함께 시간을 보내주지 못해 미안한 마음이 들 것이다. 나아가 '나보다 좀 더 나은 세상, 환경에서 살게 하고 싶다'라는 생각도 들 것이다. 아이를 키우면서 느끼는 점 중 하나는 자본주의는 정말 감정이 없고 때로는 냉혹하기까지 하다는 점이다. 자본주의는 내가 얼마나 힘든 상황에서 아이를 키웠는지, 그 아이가 어떤 길을 걸어왔는지 이해도, 배려도 해주지 않는다.

아이는 나보다 더 잘살기를 바라는 마음에 적지 않은 돈을 들여 공부를 시킨다. 그런데 아이가 좋은 학교, 좋은 직장에 들어가 소득을 올리더라도 그 자체로 삶을 크게 변화시키기 어려운 경우가 많다. 결국 생산 수단을 가지지 못한 근로 노동자는 자본주의 사회에서 하층 계급 취급을 받을 수밖에 없기 때문이다.

재테크, 투자에 대한 관심과 더불어 최근에는 자녀 금융 교육에 대한 관심도 커졌다. 내 아이가 자본주의를 제대로 이해하지 못하고 세상에 나갔을 때 그 삶이 순탄하지 않을 것이라는 사실을 부모로서, 인생 선배로서 잘 알고 있기 때문일 것이다. 그런데 필요성은 느끼면서도 어디에서부터 어떻게 시작해야 할지 막막해한다. 왜일까? 본인의 경험이 부족하기 때문이다. 스스로가 부모님으로부터 금융, 재테크에 대한 교육을 받아본 적이 없어 어떻게 해야 할지 고민한다. 그러나 아주 어려운 일은 아니다. '내가 부모님으로부터 배웠으면 좋았을 걸' 하고 생각했던 것을 금융 교육 콘텐츠로 삼으면 된다.

자녀에게 자본주의 가르치기

우리가 처음 재테크를 시작할 때를 떠올려보자. '자본주의를 제대로 이해하고 대응하는 방법을 알았더라면', '투자 종잣돈의 크기가 조금 더 컸더라면' 하는 아쉬움이 있었을 것이다. 지금은 그 부분들을 숙지하고 실천하고 있으니, 이를 바탕으로 밥상머리 교육을 시작하면 된다.

자녀의 금융 교육에 대해 더 자세히 알아보기 전에 자본주의 최상위층인 유대인 이야기를 소개할까 한다. 유대인은 0.2%에 불과한 소수민족이지만 우수한 두뇌와 자본주의에 대한 이해, 인사이트를 바탕으로 세계 각 분야에서 선두 위치를 차지하곤 한다. (사실 두뇌의 우수성을 IQ로 한정한다면 한국인이 오히려 더 우수하다. 통계에 따르면 한국인의 평균 IQ는 세계 2위, 유대인은 40위권이다.) 유대인들은 자녀가 만 13세가 되면 성대하게 성인식을 열어준다. 이 행사가 끝나면 종교적으로 '책임 있는 사람', '완전한 성인'으로 대우해주기 때문에 1년간 철저하게 성인식을 준비한다고 한다. 놀라운 점은 부유한 가정이 아니더라도 성인식 축하금을 마련해준다는 것이다. 평범한 가정의 경우 약 4만 달러, 가난한 가정의 경우 약 1~2만 달러를 축하금으로 전달하고 자녀들은 이 돈을 투자나 사업을 위한 종잣돈으로 활용한다.

이때 유대인 부모들은 자녀가 주식뿐 아니라 채권, 부동산, 원자재 등 대체자산에 투자할 수 있도록 도움을 준다. 부모가 대신 운용해주는 것이 아니라 함께 혹은 자녀가 직접 운용할 수 있게 한다. 자녀들은 이 과정을 통해 자연스럽게 자본주의를 이해하고, 실물경제뿐 아니라 자산시장에 관심을 갖는다.

이런 과정을 경험하며 자란 아이들은 경제 이론은 물론이고 돈에 대한 실전 감각, 마인드를 갖춘 상태로 사회에 나온다. 중요한 것은 이쯤 되면 투자금은 1억 원 정도로 불어나 자본가가 되기 위한 준비(종잣돈, 마인드셋)가 이미 끝나 있다는 사실이다.

인성 교육, 입시 교육도 중요하지만 자본주의 사회에서는 그에 못지않게 금융 교육도 중요하다. (주변을 둘러보면 돈을 써보기만 하고 자란 사람과 돈을 모으고 불려본 사람은 확실히 다르다.) 자, 그럼 지금부터 자녀 명의의 투자 계좌를 만들어주고 투자하는 것으로 자녀 금융 교육을 시작해보자.

자녀를 위한 구체적인 투자 프로세스

자녀를 위한 투자 프로세스는 크게 4단계로 이루어진다. 증여, 계좌 개설, 투자 계획 수립, 실행이 바로 그것이다.

증여를 왜 미리 해야 할까? 여기에는 명분적 이유와 실리적 이유가 모두 존재한다. 명분적 이유는 당연히 자녀의 빠른 경제적 자립을 위해서다. '자녀는 인문학적으로 보면 우리에게 사랑과 감동을 주는 빛이지만, 재무회계적으로 보면 빚이다'라는 우스갯소리가 있다. 부채, 그것도 금액이 고정되어 있는 부채가 아닌 향후 얼마나 큰돈이 들어갈지 모르는 악성 부채(!)에 가깝다. 이 문제를 해결하는 근본적인 방법은 자녀에게 일찍 자본을 쥐어주고 그 자본

1단계	증여 가능 금액 산정/계획 수립 → 비과세 증여 한도, 양육·아동수당 적립 투자
2단계	자녀 명의 투자 계좌 개설 및 증여 신고 → 은행/증권사 방문하여 계좌 개설, 홈택스 증여 신고
3단계	생애주기 목표금액 및 투자 계획 수립 → 자녀 학자금, 결혼자금 지원 준비 플랜
4단계	투자 포트폴리오 구상 및 투자 실행 → 메가트렌드 반영 및 자녀 관심사 기반 투자

자녀를 위한 투자 프로세스

을 기반으로 경제적 자립을 시키는 것이다. 경제적 자립의 토대를 만들어주지 못한다면 내가 퇴직한 후에도 자녀에게 금전적 도움을 주어야 하고, 그로 인해 노후 준비가 불안정해질 수밖에 없기 때문이다.

실리적 이유는 증여에 따른 세금 때문이다. 자녀에게 증여 시 비과세 증여가 가능한 금액은 미성년자는 10년간 2,000만 원, 성인은 10년간 5,000만 원이다. (태어나자마자 2,000만 원, 만 10세가 되었을 때 2,000만 원, 만 20세가 되었을 때 5,000만 원, 만 30세가 되었을 때 5,000만 원…) 이 이상 초과할 경우에는 증여세가 부과되는데, 1억 원 이하는 10%, 1억 원~5억 원 구간은 20%, 5억 원~10억 원 구간은 30%, 10억 원~30억 원 구간은 40%, 30억 원 초과는 무려 50%를 증여세로 내야 한다. 만약 이와 같은 방식으로 비과세 혜택을 받으며 증여하지 않고 결혼자금, 주택자금 지원 명목으로 한 번에 증여하면 어떻게 될까? 증여 비과세 혜택은 5,000만 원, 1회밖에 받을 수 없으므로 840만 원가량의 증여세가 발생한다.

또한 자녀의 종잣돈 마련 용도로 투자를 하더라도 부모가 직접 운용 후 증여를 하면 이 수익도 증여세 과세 대상이 된다. 그러나 자녀에게 증여 후 운용하면 원금은 증여세 과세 대상이지만 운용 수익에 대해서는 추가 과세가 발생하지 않는다. 따라서 증여 및 증여 신고 후에 운용해주는 것이 실리적으로 유리하다.

요즘은 MTSMobile Trading System가 잘되어 있기 때문에 모바일 애플리케이션을 이용해 비대면으로 계좌를 개설할 수 있고 주식 투자도 할 수 있다. 그러나 미성년자의 경우 비대면 계좌 개설이 불가능하므로 은행 또는 증권사를 방문해 계좌를 개설해야 한다. 이때 대리인의 신분증(부 또는 모), 기본증명서(상세), 가족관계증명서(일반), 도장(부모 또는 아이)을 지참해야 한다.

증여 신고는 국세청 홈택스www.hometax.go.kr에서 간편하게 처리할 수 있다. 국세청 홈택스에 접속한 뒤 '신고/납부→ 증여세'를 클릭해 신청하면 된다. 이때 알아두어야 할 기본 절차는 다음과 같다.

1. 증여 방식 선택하기(현금 또는 주식)

- 현금의 경우 절차와 계산 방식이 간소하다.

- 주식의 경우 증여일 기준 전후 2개월(총 4개월) 평균가로 증여액이 산정되므로 주가 상승 시 공제액 이상의 세금이 발생할 가능성이 있다.

2. 자녀 명의로 신고하기

- 자녀 명의로 국세청 홈택스에 가입한 뒤 공인인증서를 등록해야 한다.

3. 증여금액 및 공제금액 기입, 최종 확인

- 증빙 서류: 가족관계증명서, 자녀 기준 기본확인서, 계좌이체확인증, 주식 입고 내역 등 증여 내역을 증빙할 수 있는 서류

또 하나의 이슈는 증여할 재원을 어떻게 마련하느냐다. 물론 금전적으로 여유가 있어 증여세를 내면서 증여하는 사람도 있지만 보통은 돈을 미리미리 준비해야 한다. 만 0세 증여자금은 저축 말고는 방법이 없다. 나는 첫 아이 임신을 계획했을 때부터 증여를 위한 돈을 마련할 준비를 했다. 출산을 위한 부대비용도 적지 않은 상황에서 증여할 2,000만 원을 한 번에 마련하는 것은 현실적으로 쉽지 않았다. 그러나 임신을 계획하는 단계에서부터 10개월 이상 나눠서 준비한다면 불가능한 일은 아니라고 판단했다. 그렇게 성과급, 상여금, 출산축하금, 지원금 등을 모아 아이의 초기 자본

금(2,000만 원)을 마련했다. 부유해서, 여유가 있어서 증여를 생각한 것이 아니었다. 부자가 되고 싶으면 부자들의 길을 따라가야 한다는 생각에 유대인처럼 아이를 위한 투자 종잣돈을 마련해주고 싶었을 뿐이다.

만 10세 때 증여할 돈은 국가수당으로 모아줄 수 있다. 아이를 낳으면 국가에서 양육 및 아동수당이 나온다. 양육수당은 84개월까지 지급되는데 모두 모으면 1,020만 원이다(0~12개월: 월 20만 원, 13~24개월: 월 15만 원, 25~84개월: 월 10만 원). 아동수당은 83개월까지 월 10만 원이 지급되는데, 모두 모으면 830만 원이다. 양육수당과 아동수당을 합치면 1,850만 원이 되므로 아이 용돈, 새뱃돈 등을 모두 합하면 2,000만 원은 충분히 모을 수 있다. 물론 양육수당은 어린이집에 입소하면 보육료로 전환된다. 이 경우에는 월급에서 일정 부분을 따로 떼 모아야 한다.

아무튼 이런 식으로 모으면 만 10세에 최대 4,000만 원을 증여할 수 있으니 유대인의 성인식 축하금(만 13세, 약 4만 달러)과 유사한 수준으로 종잣돈을 모아줄 수 있게 된다. 게다가 투자의 복리효과로 원금 4,000만 원은 그 이상으로 불어날 것이다. 이 종잣돈을 10~20년간 장기간 운용하면 자녀의 경제적 자립을 위한 준비금 또는 학자금, 결혼자금 등으로 활용할 수 있다.

사람마다 계획이 다르니 내 방법이 최선이라고 말할 수 없다. 어떤 사람은 한 달에 10만 원씩, 1년에 120만 원씩 증여하기도 한다.

각자의 계획에 따라 달라질 수 있지만 비과세 증여 혜택을 꼭 누리길 바란다.

자녀의 투자 포트폴리오

투자 포트폴리오에는 정답이 없다. 투자 기간, 성향, 목적에 따라 달라져야 한다. 하지만 몇 가지 기본 운용 원칙은 세워두는 것이 좋다. 장기 투자의 안정적인 수익률 추구 및 자녀 금융 교육 자료용으로 활용 가능한 포트폴리오 구성과 투자 원칙 예시는 다음과 같다.

1. 주식 비중을 높게 가져가며 장기 투자할 것

: 자녀 계좌의 경우 투자 기간이 장기(10년 이상)이기 때문에 주식 비중을 높이는 것이 장기 기대수익률 측면에서 유리하다. 따라서 포트폴리오 내 주식 비중을 최소 70% 이상으로 설정한다.

2. 매매 횟수에 제한을 둘 것

: 투자의 기본은 성장하는 기업의 지분(주식)을 꾸준히 모으는 것이다. 잦은 매매 차익 거래가 아닌 장기간 보유를 통한 수익률 추구를 목표로 해야 한다. (월 1회 또는 분기 1회 매매)

3. ETF 위주로 투자할 것

: 시대가 빠르게 변화함에 따라 기업의 지속 기간도 점점 줄어들고 있으므로 개별 기업보다는 ETF 비중이 높은 투자 포트폴리오를 구성해야 한다. 개별 기업은 성장과 쇠퇴가 있지만, 주식시장과 자본시장은 꾸준히 우상향한다는 사실을 자녀에게 교육시킬 필요가 있다.

4. 메가트렌드 및 자녀가 관심을 가질 만한 기업을 포함할 것

: 메가트렌드는 10년 이상 장기간 지속되며 사회를 바꿀 정도의 혁신적인 변화를 뜻한다. 현재의 메가트렌드는 단연 4차 산업이다. 이를 반영하는 기업 및 ETF를 매수한 뒤 그 기업의 변화와 주가 변화를 기록해두면 자녀가 성장했을 때 훌륭한 교육 자료로 활용할 수 있다. 또 자녀가 친숙하게 느낄 만한 기업의 주식을 매수해 함께 대화를 나누면 자연스럽게 투자에 대한 관심도를 높일 수 있다.

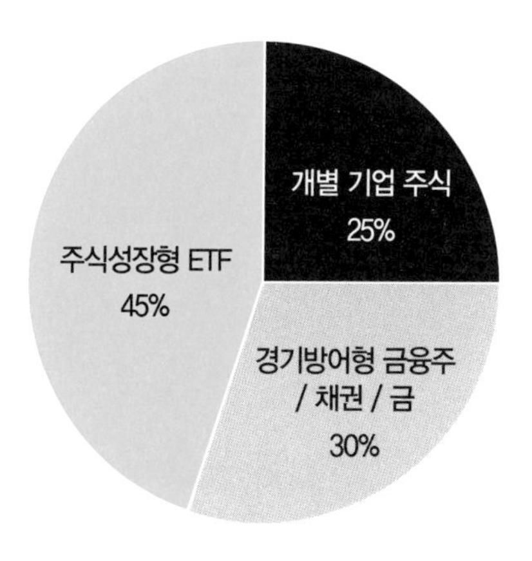

나는 위와 같이 자녀의 투자 포트폴리오를 구성했다.

구분	구체적인 상품
주식성장형 ETF: 45%	VT: 글로벌 상위 97% 기업에 분산투자하는 ETF SOXX: 반도체 산업 주요 기업에 투자하는 ETF ARKK: 혁신 산업에 투자하는 ETF GLUX: 럭셔리 산업에 투자하는 ETF
개별 기업 주식: 25%	LVMH(루이비통), MSFT(마이크로소프트), APPL(애플), FB(페이스북), DIS(디즈니), BRK.B(버크셔 해서웨이) 삼성전자, 삼성전자 우선주
경기방어형 금융주/채권/금: 30%	XLF: 미국 금융/보험업에 투자하는 ETF TIP: 물가에 연동되는 미국 채권에 투자하는 ETF IAU: 금에 투자하는 ETF

자녀의 투자 포트폴리오 예시

주식성장형 ETF 구성으로 70%, 경기방어형 자산인 금융주, 채권, 금 구성으로 나머지 30%를 설정했다. 주식성장형 ETF는 분산투자와 성장 산업에 대한 투자를 목적으로 한다. 분산투자의 중요성을 알려주기 위해 글로벌 시가총액 상위 기업에 투자하는 VT를 선택했고, 기술을 가진 기업들이 세상을 어떻게 변화시키고 돈을 버는지 그 스토리와 성과를 알려주기 위해 반도체 산업SOXX과 혁신 산업ARKK도 선택했다.

명품 및 사치 산업은 사람의 과시욕이 있는 한 꾸준하게 성장할 것이란 판단에 럭셔리 산업GLUX에 투자하는 ETF도 추가했다. 첫째가 여자아이라 나중에 자연스럽게 명품에 관심을 가질 것이란 생각에 LVMH(루이비통)도 포함시켰다. 명품을 소비하는 것도 좋지만, 그 명품을 만드는 기업의 일부를 소유한다는 느낌을 갖게 해주고 싶었다. 비슷한 이유로 누구나 알 만한 글로벌 기업들(마이크로소프트, 애플, 페이스북 등)의 주식도 조금씩 사두었다. 아이가 커가면서 자연스럽게 접하게 될 주식(마이크로소프트는 MS 프로그램을 사용하면서, 애플은 스마트폰을 사용하면서, 페이스북은 SNS활동을 하면서)이라 생각했기 때문이다.

나머지 30%는 경기가 좋지 않거나 금리가 오르는 등 주식의 기대수익률이 좋지 않을 때 수익이 나는 ETF를 추가했다. 금리가 오를 때 가치가 오르는 금융/보험업에 투자하는 XLF ETF와 물가가 오를 때 좋은 물가연동채권TIP, 국제 정세 혼란으로 주식시장이 불안할 때 상대적으로 오르는 금에 투자하는 IAU ETF로 구성했다. 주식시장이 좋고 나쁠 때, 금리가 오르고 내릴 때, 국제 정세가 좋고 나쁠 때를 각각 이야기하고 주가 변화를 볼 수 있는 자산들을 조금씩 편입한 것이다.

이와 같이 자녀의 투자 포트폴리오를 구성해주고 그 구성 이유를 기록해두면, 자녀가 성장해 직접 투자를 하게 될 때 참고할 수 있는 좋은 자료가 된다. 자본을 벌고 모으는 것뿐 아니라 굴리고 지켜나가는 것도 중요하기에 위와 같은 기록을 바탕으로 자녀의 투자 금융 교육을 시작해보길 추천한다.

STEP 7

자유

근로가 선택이 되는 단계

완주를 위한 세 가지 요소: 동기부여, 시스템, 선순환

경제적 자유는 '자본소득이 근로소득을 넘어 근로가 선택이 되는 상태'다. 참 매력적이지 않은가? 투자를 처음 시작할 때는 막연한 희망, 꿈이라고만 생각했는데 어느새 목표 달성을 앞두고 있는 사람도 있을 것이다. 그런데 아이러니하게도 목표에 가까워질수록 목표를 완성, 달성하는 데 어려움을 느끼는 사람이 많다. 열심히 일하고 아끼고 모으고 굴리는 과정과 단계를 즐기는 사람도 있지만, 인내의 과정이기에 괴로운 것이 사실이다. 게다가 소기의 목적은 달성했으니 '이 정도면 충분해' 하고 도전을 멈출 가능성도 있다.

나는 정말로 힘들고 긴 투자도 재테크 여정이기에 각 단계별로 목표를 끝까지 달성해봐야 한다고 생각한다. 우리는 과정은 힘들더라도 목표를 달성하면 이후에 좋은 추억으로 기억된다는 사실을 경험적으로 알고 있다. 중간에 적당히 포기하고 현재를 즐겼더라도 나중에 최종 결과가 좋지 않으면 그 당시 즐거웠던 추억마저 후회로 바뀌고 만다.

목표를 달성하기 위해서는

중도 이탈을 막고 완주를 할 수 있게 해주는 세 가지 요소가 있다. 바로 동기부여, 시스템, 선순환이다. 동기부여만으로는 금방 지치고 작심삼일이 되기 쉽지만, 유지하기 위한 시스템(루틴)을 만들어 꾸준히 수행하면 성취감이 생기고, 그 성취감을 바탕으로 긍정적인 피드백, 즉 선순환이 이루어진다.

사람마다 동기부여 요소가 다르다. 스스로 동기부여될 수 있는 요소를 생각해보고 적어보고 구체화해보는 것은 목표 달성을 위해 매우 중요하다. 경제적 자유를 위한 나의 가장 큰 동기부여는 '존중받는 삶을 살고 싶다'는 마음이었다. 어린 시절 자존감이 그리 높지 않은 아이였기에 다른 사람에게 인정받고 싶다는 욕구가 컸다. 누군가에게 잔소리, 싫은 소리를 듣고 싶지 않아 독하게 공부하고 열심히 살았지만, 부정적인 것을 피하기 위한 이런 방법은 즐겁지도 않았고, 오래가지도 못했다.

그러던 어느 날 우연히 교육 봉사를 하게 되었는데, 그 일이 내 인생관을 완전히 바꿔놓았다. 내가 아는 것을 나누었을 뿐인데 '저도 선생님처럼 동생들을 잘 가르치고 싶어요. 정말 고맙습니다'라는 내용의 편지를 받았을 때 얼마나 기뻤는지 모른다. 태어나 처음 느껴보는 감정이었다. '나에겐 특별한 것이 아니더라도, 다른 누군가에겐 선한 영향을 줄 수도 있구나. 나눔은 다른 사람은 물론 나에게도 기쁨을 주는 일이구나'라는 생각은 스스로 공부하는 동기부여가 되었고 성취감으로 연결됐다. 이런 생각은 내가 공부하는 목적을 더욱 분명하게 만들어주었고, 힘들어도 이겨낼 수 있는 믿음을 주었다. 이 과정이 반복되면서 선순환 효과를 만들어냈다. 이러한 현상을 헬퍼스하이helper's high(다른 사람을 돕는 이타적 행위가 삶의 만족감을 높여 정신과 몸 건강에 상당한 이로움을 준다는 정신의학 용어)라고 한다.

지금도 나는 블로그나 기타 콘텐츠를 통해 사람들에게 투자와 관련된 정보를 쉽게 전달하기 위해 늘 공부한다. 남을 가르친다는 생각으로 공부하는 것은 또 하나의 동기부여이자 효율적인 학습법이다. 내가 제공한 정보를 접한 사람들이 질문을 하면 공부할 내용과 업로드할 콘텐츠가 꾸준히 생기는 시스템이 마련된다. 추가로 네이버에서 활동함으로써 부수적인 수입이 발생하는데, 그중 일부를 기부하며 나눔과 베풂을 실천하고 있다. 이렇듯 나는 긍정적 선순환이 이루어지는 삶을 살기 위해 노력한다.

둘러보면 경제적 자유를 이루기 위해 노력하는 동시에 주변에 선한 영향력을 행사하고자 하는 사람이 많다. “개처럼 벌어서 정승처럼 쓰고 싶다. 나와 내 가족뿐 아니라 다른 사람들에게 도움을 줄 수 있을 정도로 더 열심히, 더 많이 벌고 싶다”라고 이야기하는 사람도 있다. 각자 완주를 위한 자신만의 동기부여와 시스템, 선순환 구조를 생각하며 실천해보기 바란다.

정보의 소비자에서 생산자로, 나라는 브랜드의 완성

앞서 STEP 5에서 블로그, 카페, 유튜브 등을 통해 추가 소득을 창출하는 방법을 설명했다. 그때는 부수적인 수입, 즉 부업의 개념이었다면 이번에는 부업이 아닌 본업이 되는 사업 구상에 대해 설명하고자 한다. 생산의 3요소는 토지, 노동, 자본이다. 여기에 한 가지를 추가한다면 바로 '정보'가 아닐까? 정보와 콘텐츠는 그것을 만들어내는 생산자와 향유하는 소비자로 나뉘며, 정보와 콘텐츠에서 발생하는 부가가치, 소득은 당연히 생산자의 몫이다. 아마 이 단계까지 왔다면 직장생활의 마무리 과정일 수 있다. 이후에 무엇을 할 것인가? 그 대안으로 콘텐츠가 있을 수 있다.

돈이 되는 콘텐츠의 비밀

돈이 되는 정보와 콘텐츠의 강점, 차별화 요소는 다음과 같다.

- 새로운 지식과 내용을 포함하는 정보(인사이트)
- 삶에 직접적으로 도움이 되는 정보(꿀팁)
- 귀찮은 것을 해결해주는 정보(요약)
- 같은 내용을 쉽게 전달해주는 정보(해설)
- 문제를 해결해주는 정보(솔루션)
- 꿈과 희망을 주는 정보(동기부여)

위와 같은 내용을 포함하는 정보와 콘텐츠를 만들 수 있다면 격이 다른 정보 생산자가 될 수 있다. 새로운 분야에 도전해 소득을 만들어내고 전문가로 발전해나가는 구체적인 과정을 '5S'로 요약해 정리해보았다.

- Search(정보 수집)
- Screening(핵심 정보 선별)
- Summarizing(정보 요약)
- Supplier(지식 제공)
- Self-branding(셀프 브랜딩)

처음에는 기존 자료들을 검색Search할 것이다. 아무것도 모를 땐 검색을 해도 그것이 맞는 정보인지 제대로 판단하지 못한다. 당연히 어느 정도의 시간이 필요하다. 하지만 자료를 하나하나 뜯어보고 공부하다 보면 어느새 도움이 되는 자료와 그렇지 않은 자료를 구분하는 눈이 생긴다.

그런 다음에는 정보 수집 채널을 걸러낼 수 있게 된다Screening. 양질의 정보를 제공하는 채널과 그렇지 않은 채널을 구분해 정보를 찾고 필요한 정보를 습득하는 시간을 줄여나갈 수 있다. 그러다 어느 순간 '아, 입맛에 딱 맞는 자료가 없네. 이걸 이렇게 정리하면 보기 편할 텐데'와 같은 생각이 든다.

그때부터 한 번 걸러낸 자료들을 보기 좋게, 이해하기 쉽게 재가공하는 요약Summarizing 단계가 시작된다. 이때가 정보 생산자의 실제적인 첫 단계라 할 수 있다. 나만의 방식으로 요약과 정리를 하되 처음에는 나의 관점에서, 그 다음에는 다른 사람(독자, 정보 소비자)의 관점에서 자료를 가공하는 연습을 해보는 것이 좋다. 기존 자료를 처음 보는 사람도 이해할 수 있도록 좀 더 쉽게 풀어내는 과정이다. 결국 내 정보와 콘텐츠를 소비해줄 사람이 있어야 생산자로서의 의미와 가치가 있기 때문이다.

요약을 충분히 쉽게, 유익하게 잘 정리하는 단계에 도달했다면 이제는 나의 지식을 바탕으로 나만의 콘텐츠를 만들 차례다Supplier. 정보를 습득하는 것도 쉽지 않은데 스스로 만든다고 생각하면 막막할 수도 있다. 하지만 분명 해낼 수 있으니 포기하지 말자. 혁신의 대명사로 알려진 스티브 잡스Steve Jobs도 '커넥팅 닷connecting dot'이라는 개념을 강조했다. 혁신은 완전히 새로운 것에서 시작해 완성되는 것이 아니라 기존에 흩어져 있던 정보와 기술을 잘 융합하면 그것이 혁신의 토대가 된다는 의미다.

정보와 지식을 습득하는 과정에서 '내가 알고 싶은 내용은 다른 사람도 알고 싶을 것이다'라는 것을 기본 점dot으로 생각하고, 각 점들의 연결고리를 찾아보면 초기 콘텐츠 주제를 선정하는 데 도움이 된다. 그동안은 기존 정보와 지식을 정리해 재배포했다면, 이제는 기존 정보를 바탕으로 조금씩 확장하며 본격적으로 새로운 정보와 자료를 만들어 공급해보자. 이 단계에서 정보의 사업화 및 의미 있는 수준의 유료화가 가능해진다.

마지막 단계는 셀프 브랜딩Self-branding이다. 즉 '나'라는 자체가 정보 채널이 되는 것이다. 내가 어떤 정보를 제공하는지가 중요한 것이 아니라 내가 만든 정보를 사람들이 신뢰하고 인정해주는 단계라 생각하면 된다. 경제 분야 대표 유튜브 크리에이터 신사임당, 슈카월드, 부동산 읽어주는 남자 등이 이에 해당한다고 볼 수 있다. 그들은 어마어마한 구독자를 보유하고 있고, 이제는 단순 크리에이터를 넘어 '독자적인 채널', '개인 방송국'이라는 말이 어울리는 수준의 영향력을 행사하고 있다. 그들이 부동산, 창업, 주식 투자 등 각각의 전문 분야로 시작해 경제 전반을 다루게 된 것은 정보의 소비자, 구독자들의 신뢰가 형성되었기 때문이다.

정보의 시대, 소비자에서 생산자로 도약해 나라는 퍼스널 브랜드를 만들어보는 건 어떨까? 당신도 차근차근 준비한다면 충분히 해낼 수 있다!

은퇴 후 삶의 방식과 가치를 고려하자

경제적 자유를 위한 최종 단계인 STEP 7은 투자방법론의 영역이 아닌 인문학의 영역이라 할 수 있다. 고민이 '돈을 어떻게 벌 것인가'에서 '앞으로 어떻게 살 것인가'로 넘어가는 시기이기 때문이다. '돈은 인생에 있어 궁극적인 목적이 아니라 행복을 위한 수단이다'라는 말의 진정한 의미를 이해할 수 있게 되는 단계라고 생각한다. 하지만 이런 자세가 강요되어서는 안 된다. 경제적 자유를 얻었다고 해서 일을 관둘 필요는 없다. 근로가 의무가 아닌 선택이라는 것은 일을 바라보는 관점과 태도에 따라 달라질 수 있다는 의미다. 선택이라는 측면에서 나의 업무를 돌아보면 그 질문과 답은 명확해질 것이다. '돈이 충분히 많아도 지금 하고 있는 일을 계속하고 싶은가?'에 대한 질문에 '그렇다'라고 대답했다면 경제적 자유를 얻었다 해도 계속해서 일을 하면 된다.

흥미로운 것은 금전적 여유가 생길수록 회사 업무가 잘 풀리는 것 같다고 생각하는 사람이 많다는 사실이다. 근로소득이 전부일 때는 매달릴 곳이 회사가 전부라는 생각에 상사의 지적, 고과 등이 모두 스트레스가 된다. 하지만 자본을 안정적으로 모아둔 후에는 원하면 언제든 그만둘 수 있다는 생각에 오히려 업무 스트레스가 줄어들고 더 긍정적으로 일하게 되는 것이다.

'돈이 충분히 많아도 지금 하고 있는 일을 계속하고 싶은가?'라는 질문에 '아니오'라고 대답했다면 스스로 물러날 수 있는 조기 은퇴 시기와 방법을 결정하면 된다. 동시에 '은퇴 이후 어떻게 살 것인가'에 대한 고민을 자연스럽게 해나가면 된다. 즉 자본과 인생에 대한 자기만의 철학과 가치관을 완성해나가는 것이다.

앞으로 어떻게 살고 싶은가

심리학자 에이브러햄 매슬로우Abraham Maslow는 사람의 욕구는 크게 8단계로 이루어진다고 이야기했다.

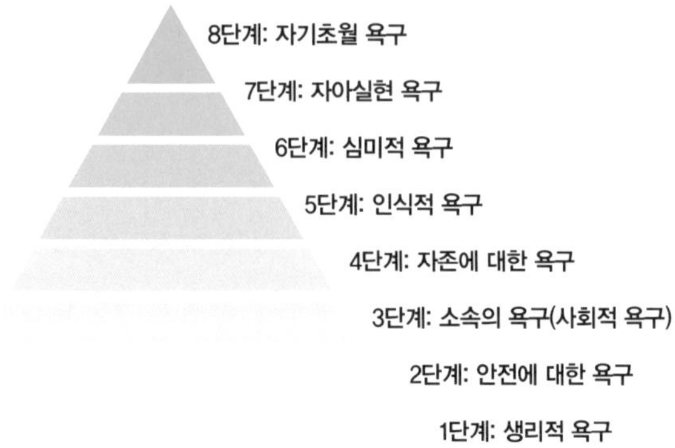

8단계: 자기초월 욕구
7단계: 자아실현 욕구
6단계: 심미적 욕구
5단계: 인식적 욕구
4단계: 자존에 대한 욕구
3단계: 소속의 욕구(사회적 욕구)
2단계: 안전에 대한 욕구
1단계: 생리적 욕구

매슬로우의 욕구 단계

사실 철학적인 고민들은 최소한의 기본적인 욕구와 상황, 여건이 충족되어야 비로소 해결 가능하다. 열심히 번 돈의 대부분이 대출금, 생활비 등으로 빠져 나가는 시기에는 기본적인 욕구와 상황 개선에 온 신경과 노력이 집중된다. 그러나 최소한의 생존이 보장된다면 나를 돌아보는 시간, (8단계 자기초월 상태까지는 아니더라도) 자아실현 욕구가 자연스럽게 생긴다. 경제적 여유 또는 자유를 얻게 되면 그동안 미뤄두었던 도전을 시도해보는 것이 좋다. '내가 진짜 원하는 것은 무엇일까?', '내가 꿈꾸는 삶은 어떤 모습일까?', '나에게 돈과 시간이 충분하면 무엇을 할까?', '어떤 것이 의미 있는 삶일까?' 고민한 뒤 실천에 옮기는 것이다.

한때 죽기 전에 꼭 하고 싶은 일을 적어보는 '버킷리스트 작성' 열풍이 불었다. 별다른 생각 없이 버킷리스트를 적으면 단순히 '해야 할 일to do' 목록을 확인하는 정도에 그친다. 우리가 목표를 달성하고자 할 때는 '무엇What → 왜Why → 어떻게How to'의 과정을 거친다. 버킷리스트 실행 가능성을 높이기 위해서는 그 내용을 적은 이유와 방법, 우선순위를 고려한 시점까지 적어보며 구체화하는 것이 좋다.

상상만 해도 즐거운 버킷리스트를 적어보면 동기부여에 한층 도움이 된다. 나의 버킷리스트 중 하나는 푸드트럭을 몰고 전국 일주를 하는 것이다. 여행을 다니며 각 지역 특산물로 요리를 하면 재미도 있고 다양한 추억을 쌓을 수 있을 것 같아서다.

또 하나는 청년들의 경제적 자유를 지원하는 사업을 하는 것이다. 돈으로 직접 지원해줄 수도 있지만 그보다는 자립을 위한 기회를 마련해주고 성장에 도움을 주고 싶다. 환경이 어려울수록 사업 지원, 창업 지원을 해주는 것이 답이라고 생각한다. 언젠가는 정말로 간절한 마음으로 성공을 꿈꾸는 청년들, 성공을 이룬 뒤 선한

하고 싶은 것	이유	방법, 시기, 기간	예상 문제	우선순위 /난이도
푸드트럭 전국 일주	국내 여행과 요리로 인한 기쁨을 동시에	조리사 자격증 획득 후 2~4주 소요 예상	가족 동의 여부	우선순위: 하 난이도: 하
청년 창업 지원 사업 및 멘토링	자본주의 생존을 위한 가장 강력한 지원 방법	50세 이후, 5년 이상 지속	충분한 자본금 필요	우선순위: 중 난이도: 상
기타				

버킷리스트 작성 예시

영향력을 행사할 청년들을 대상으로 지원 사업 및 멘토링을 해보고 싶다.

이와 같이 자신이 꿈꾸는 삶을 기록해보면 동기부여가 되고, 결국은 긍정적인 결과로 나타날 것이다. 꼭 원대한 꿈이 아니라도 상관없다. 인생의 후반부에 어떤 일을 하며 살고 싶은지 고민하며, 진정 원하는 삶의 모습을 고민하며 버킷리스트를 작성해보기 바란다. 그 시간이 더욱 열심히 살아갈 힘을 만들어줄 것이다. 나 역시 인생의 후반부를 기대하며 오늘을 충실하게 살고 있다.

에필로그

언젠가 우리는 모두 자본가가 되어야 한다

작게는 가난에서 벗어나고 싶고, 크게는 부자가 되고 싶은 사람이 많다. 그런 사람들에게 "왜 가난에서 벗어나지 못하고 있다고 생각하세요?"라고 물어보면 "시간이 없다", "투자하고 싶어도 자본이 없다", "지식이 없다" 등의 답이 돌아온다. 이유를 알면 답은 나온다. 시간이 없으면 노는 시간을 줄이거나 자는 시간을 줄여 시간을 확보하면 되고, 자본이 없으면 시간을 투입해 돈을 벌면 되고, 지식이 없으면 시간을 투입해 공부를 하면 된다. 그런데 가난한 이유는 잘 말하면서, 이를 해결하기 위해 구체적으로 무엇을 하고 있는지에 대해서는 제대로 답하는 사람이 드물다.

자본주의는 감정이 없기 때문에 우리가 왜 가난한지 알고 싶어 하지 않고, 안다 하더라도 배려해주지 않는다. 주변에서 아무리 좋은 이야기, 훌륭한 조언을 해준다 해도 본인이 스스로 변하지 않는다면, 각성의 계기가 없다면 삶의 드라마틱한 변화를 이루어낼 수 없을 것이다.

각성의 계기는 의외의 곳에서 찾아오기도 한다. 나에게는 아이의 탄생이 변화와 각성의 계기였다. 매일 새벽 출근하기 전에 잠자고 있는 아이를 볼 때마다 '내 아이는 고생시키고 싶지 않다. 더 나은 삶을 선물해주고 싶다!'라는 매우 짧고 굵은 메시지가 머릿속에 각인되었다. 근로소득의 굴레에서 벗어나고 싶다면 자본가의 길을 갈 수밖에 없고, 그렇다면 한 번쯤 그 길을 향해 죽어라 달려봐야겠다는 마음이 생겼다.

로버트 기요사키Robert Kiyosaki는 《부자 아빠, 가난한 아빠》에서 '현금흐름 4분면'이라는 개념을 통해 자본주의 사회에서 나아가야 할 방향을 명확히 제시했다. 소위 'ESBI'라 불리는 개념이다.

대부분의 사람은 근로소득자로 자본주의 세계에 입문한다(E단계). 그중 자본주의를 깨닫고 근로소득으로부터 해방을 원하는 사람들은 노동을 통해 시간을 돈으로, 자본으로 바꾸며 시간의 단가를 높여간다(S단계). 이후에는 사업을 통해 돈이 들어오는 시스템을 만들어나가고(B단계), 궁극적으로 돈이 나를 위해 일하게 하는, 즉 돈이 돈을 벌게 하는 시스템을 갖추는 것을 목표로 한다(I단계).

일반적인 근로소득자의 삶에서 경제적 자유를 꿈꾸며 재테크를 한다는 것은 많은 변화를 필요로 한다. 이런 변화는 결코 쉽지 않

돈을 위해 일한다

E Employee
(근로소득자)
시간 → 돈
시간적 여유: ×
경제적 여유: ×

시간 → 돈
시간적 여유: ×
경제적 여유: △

돈이 나를 위해 일한다

시스템 → 돈
시간적 여유: △
경제적 여유: ○

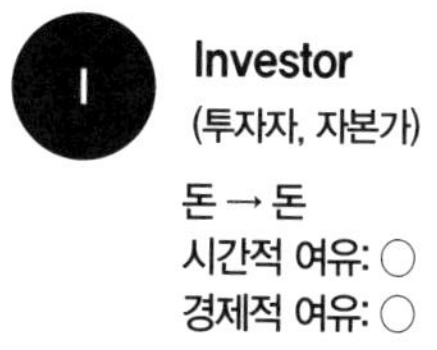

돈 → 돈
시간적 여유: ○
경제적 여유: ○

소비자에서 생산자로, 그리고 자본가로 가는 길

고, 고통이 따르기 마련이다. 특히 육아를 병행하며 투자 공부와 부업, 사업 등을 병행하는 것은 더더욱 쉬운 일이 아니다. 늘 피곤해 이렇게까지 해야 하나 싶기도 하고, 현실과 타협하고 싶고, 포기하고 싶어지는 순간이 계속해서 찾아온다.

주위 사람들에게 "그렇게 한다고 바뀌는 게 있어? 왜 그렇게 열심히 살아?", "그 정도면 충분해. 이제 여유 좀 갖고 살지 그래?"와 같은 말도 꽤 자주 듣게 될 것이다. 이때 가장 무서운 유혹은 '견딜 만한 지옥이라는 현실'이다. 물론 지금처럼 일하며 적당히 먹고사는 것에 만족할 수도 있다. 우리 가족이 생활할 따뜻한 집이 있고, 직장에서 성실하게 근무하고 있고, 어느 정도 투자도 하고 있다.

이 정도로 만족할 수도 있다. 그러나 내가 잠자는 동안, 쉬는 동안 나를 위해 일을 해줄 시스템과 자본이 없다면 근로소득자는 평생 노동으로부터 자유로워질 수 없다. 변화에 대한 두려움으로 현상 유지만 하며 사는 순간, 서서히 끓어오르는 물속에서의 개구리처럼 되고 말 것이다. 우리의 몸은 늙고 근로소득은 한계가 있으며 결국 언젠가 소득이 끊기는 날이 오기 때문이다.

경제적 자유를 꿈꾼다는 것은 일반적인 삶과는 다른 삶, 베타(평균)가 아닌 알파(초과)를 꿈꾸는 것이다. 같은 수준의 노력으로는 같은 수준의 결과를 기대할 수밖에 없다. 남들보다 더 나아지고 싶다면 남들보다 더 많은 노력을 해야만 한다. 그러니 남들과 달라지는 것을 두려워하는 게 아니라 남들과 비슷해지는 것을 두려워해야 한다.

나는 나와 내 가족을 지키기 위해 결국 자본가가 되어야 한다고 결론을 내렸다. 자본주의를 제대로 이해하고 살아남고 싶다면 소비자에서 생산자로, 궁극적으로는 자본가가 되어야 한다고 말이다. '자본가'라는 말은 참 멋지다. 근로자의 '자'는 '사람 자者'를 사용하는데, 자본가의 '가'는 '집 가家'를 사용한다. 근로자로서의 삶은 개인을 바꾸는 데 그칠 수 있지만, 자본가로서의 삶은 가족과 가문을 바꿀 수 있다는 뜻이지 않을까?

투자와 금융 교육도 마찬가지다. 나와 가족뿐 아니라 주변의 소중한 사람들이 자본가로 거듭나려면 금융 교육이 필요하다고 생각했고, 교육으로서 가장 좋은 것은 본보기(롤모델)가 되는 것이라 생각했다. 자녀 또는 누군가를 가르치려 할 때 다른 사람과 비교하거나 자극시키는 걸로는 한계가 있다. 연남타운 크리에이티브 김미경 대표는 한 강연에서 이런 말을 했다.

"자식에 대한 집착을 버리세요. 자녀를 의대에 그렇게 보내고 싶으면 부모님이 직접 가세요. 열 살짜리 10년 교육시키고 기다려서 보내는 것보다 부모님이 가시는 게 빠릅니다. 나는 그런 머리가 안 되어서 못 간다고요? 자녀분들도 똑같습니다."

너무나 공감되는 말이었다. 내가 못하면 자녀도 못한다. 백 번 말하는 것보다 자녀가 갔으면 하는 길을 내가 먼저 가는 모습을 보여주는 것이 최고의 교육이라 생각한다. 그래서 나는 자녀가 살았으면 하는 삶의 길을 먼저 가보고 100% 달성하지 못하더라도 최소한 방향을 잡아주고 알려줄 수 있는 아빠가 되자는 마음으로 공부하고 투자하고 기록했다. 그리고 이왕 공부하는 건데 다른 사람들에게도 도움이 되면 좋겠다 싶었다. 그렇게 시작한 블로그가 '경제적 자유 한걸음 프로젝트'였고 그 내용들을 체계적으로 묶어 이 책을 출간하게 되었다.

프랑스의 소설가 앙드레 지드Andre Gide는 이런 말을 남겼다.

"모든 것은 이미 말해졌다. 하지만 아무도 듣지 않기 때문에 언제나 다시 시작해야 한다."

"평범한 일을 매일 평범한 마음으로 실행하는 것이 비범한 것이다."

우리가 정말로 두려워해야 하는 것은 '내면의 게으름'이다. 대단하지 않은 하루들을 모아 대단한 삶을 만들 수 있다. 꾸준하게 모으고 굴린 자본들이 결국 우리에게 경제적 자유를 안겨줄 것이라 믿어 의심치 않는다. 꿈이 있는 사람은 지치지 않는다. 사람마다 경제적 목표와 꿈의 기준이 다르더라도 자신만의 속도로 꾸준히 앞으로 나아간다면 돈 걱정 없는 노후와 경제적 자유는 비단 남의 이야기만은 아니게 될 것이라 확신한다.

노력하면 '누구나' 갈 수 있지만 '아무나' 갈 수는 없는 그 길을 가고자 하는 모든 사람을 응원한다.

감사의 글

'경제적 자유'라는 주제로 블로그에 글을 연재한 것은 나와 내 주변 사람들을 위해서였다. 자본주의를 깨닫고 꿈을 실천해나가니 저 멀리서 희망이라는 것이 보였고, 나의 투자에 대한 관점과 경험을 주변에도 나누고 싶다는 생각이 들었다. 처음부터 끝까지 일일이 조언해줄 수 없으니 '글로 기록해 주변에 전달하자'라는 생각으로 하나하나 글을 남겼던 것이 작은 결과물로 탄생하게 되었다. 이 책이 경제적 자유를 누리기를 희망하는 사람들에게 조금이나마 도움이 되었으면 좋겠다.

많은 분들의 도움으로 이 책이 탄생했다. 먼저 출간 기회를 주시고 집필 과정 중에 많은 도움을 주신 더퀘스트 여러분께 감사의 마음을 전한다. 투자 세계에 첫발을 내딛게 도와준 친구이자 같은 목표를 향해 달려가고 있는 투자자 광현이에게도 고마움을 전한다.

함께 고민을 나누고 인생 상담을 해주시는 VIS 투자 모임분들, 항상 좋은 투자 아이디어와 피드백으로 응원해주시는 온라인 투자 스터디그룹원들, 이외에도 일일이 언급하지 못하지만 가치투자자로서 많은 재능기부를 해주시는 분들에게도 항상 감사하고 있다.

함께 고민을 나누고 투자뿐만 아니라 인생 상담을 해주시는 온라인 투자 스터디그룹원들, 이름 없는 후배 투자자를 위해 서평을 수락해 주신 염승환 이사님, 신병호 대표님, 홍진채 대표님, 그리고 일일이 언급하지 못하지만 앞서간 길에서 재능 기부를 해주시는 많은 분들에게도 감사의 마음을 전한다.

많이 도와주지 못해 늘 미안하다 하셨지만 목표를 이룰 수 있는 그릇, 근면함과 성실함을 물려주신 아버지와 하늘에 계신 어머님께 감사드린다. 장인, 장모님을 비롯해 항상 나를 아껴주시는 분들과 내 도전을 묵묵히 지원해주고 응원해주는 아내 효진이와 무엇과도 바꿀 수 없는 딸 유주에게 항상 사랑한다고 말하고 싶다. 내가 받은 감사함을 또 다른 주변 사람들에게 돌려 줄 수 있는 삶을 살아가도록 노력하겠다.

투자 관련 추천 도서 리스트

거인의 어깨에 올라타 더 넓은 세상을 바라보자.

단계	도서	특징
무지	《주식 투자 무작정 따라하기》 윤재수 지음 | 길벗	주식 투자에 대해 전혀 알지 못하는 사람이 투자를 시작할 때 봐야 하는 책
입문	《돈, 뜨겁게 사랑하고 차갑게 다루어라》 앙드레 코스톨라니 지음 | 김재경 옮김 | 미래의창	돈을 다루는 투자자로서 시장을 바라보는 시각을 잡아주는 책
	《돈의 속성》 김승호 지음 | 스노우폭스북스	돈에 대한 시각을 잡을 때 좋은 책
	《현명한 초보 투자자》 야마구치 요헤이 지음 | 유주현 옮김 | 이콘	초보 투자자가 기업을 바라보는 자세에 대해 설명한 책
	《마법의 돈 굴리기》 김성일 지음 | 에이지21	기초적인 자산배분에 대해 쉽고 명료하게 설명한 책

단계	도서	특징
기초	《채권쟁이 서준식의 다시 쓰는 주식 투자 교과서》 서준식 지음 | 에프앤미디어	주식 투자를 할 때 알아두어야 할 개념과 지식을 잘 정리한 책
	《한국형 가치투자 전략》 최준철, 김민국 지음 | 이콘	가치투자에 대한 개념과 다양한 사례를 소개한 책
	《가치투자가 쉬워지는 V차트》 최준철 지음 | 이콘	개인 투자자가 가치주 발굴에 좀 더 쉽게 접근할 수 있도록 차트로 설명한 가치투자 책
	《소음과 투자》 리처드 번스타인 지음 | 한지영, 이상민 옮김 | 북돋움	소음의 바다인 주식시장에서 알짜 정보를 건져내는 방법을 소개한 책
중급	《투자를 어떻게 할 것인가》 모니시 파브라이 지음 | 김인정 옮김 | 이레미디어	적게 잃고 많이 버는 단도투자 마인드와 그 방법, 예시를 소개한 책
	《현명한 투자자》 벤자민 그레이엄 지음 | 이건 옮김 | 국일증권경제연구소	천재 투자자가 일반 투자자에게 잃지 않는 투자에 대해 가르쳐주는 책
	《전설로 떠나는 월가의 영웅》 피터 린치, 존 로스차일드 지음 | 이건 옮김 | 국일증권경제연구소	투자자가 지녀야 할 관점과 방향에 대해 소개한 책

단계	도서	특징
중급	《위대한 기업에 투자하라》 필립 피셔 지음 | 박정태 옮김 | 굿모닝북스	위대한 기업을 고르는 열다섯 가지 방법론을 소개한 책
	《작지만 강한 기업에 투자하라》 랄프 웬저 지음 | 박정태 옮김 | 굿모닝북스	시가총액이 작은 강소기업으로부터 훌륭한 수익을 얻는 투자방법론에 대한 책
고급	《주식하는 마음》 홍진채 지음 | 유영	투자자의 편견과 선입견을 파괴하고 다양한 생각과 투자 원칙에 대해 논한 책
	《주식 가치평가를 위한 작은 책》 애스워드 다모다란 지음 | 정호성 옮김 | 부크온	밸류에이션 방법 중 DCF(현금흐름할인) 가치평가법에 대해 명료하게 설명한 책
	《투자의 전설 앤서니 볼턴》 앤서니 볼턴 지음 | 손정숙 옮김 | 부크온	투자 실전 운용에 도움을 주는 책
	《초과수익 바이블》 프레더릭 반하버비크 지음 | 이건, 서태준 옮김 | 에프엔미디어	초과수익을 낸 투자방법론을 분석하고 제시한 책
	《투자에 대한 생각》 하워드 막스 지음 | 김경미 옮김 | 비즈니스맵	투자자가 스스로의 투자 원칙을 정립할 때 생각할 주제들에 대한 책
	《안티프래질》 나심 니콜라스 탈레브 지음 | 안세민 옮김 | 와이즈베리	불확실성이 가득한 세상에서 살아남는 투자 포지션에 대한 책